Lavagem de dinheiro
UMA NOVA PERSPECTIVA PENAL

S5861　　Silva, Cesar Antonio da
　　　　　Lavagem de dinheiro: uma nova perspectiva penal /
　　　　Cesar Antonio da Silva. — Porto Alegre: Livraria do
　　　　Advogado, 2001.
　　　　　152p.; 16x23cm.

　　　　　ISBN 85-7348-209-5

　　　　　1. Direito Penal Econômico 2. Lavagem de dinheiro.
　　　　I. Título.

　　　　　　　　　　　　　　　　　　　　　CDU – 343.53

　　　　　Índices para o catálogo sistemático
　　　　Direito Penal Econômico
　　　　Lavagem de dinheiro

(Bibliotecária responsável: Marta Roberto, CRB-10/652)

Cesar Antonio da Silva

Lavagem de dinheiro
UMA NOVA PERSPECTIVA PENAL

livraria
DO ADVOGADO
editora

© Cesar Antonio da Silva, 2001

Capa, projeto gráfico e diagramação de
Livraria do Advogado Editora

Revisão de
Rosane Marques Borba

Direitos desta edição reservados por
Livraria do Advogado Ltda.
Rua Riachuelo, 1338
90010-273 Porto Alegre RS
Fone/fax: 0800-51-7522
livraria@doadvogado.com.br
www.doadvogado.com.br

Impresso no Brasil / Printed in Brazil

Às minhas filhas *Laura* e *Adriana*
e aos meus netos *Victória, Ivan* e *Isadora*,
pelo natural e incessante estímulo.

À Professora *Maria Beatriz Konzen*,
da Faculdade de Direito da UNISINOS/RS,
pela constante motivação e apoio espiritual.

À *Universidade do Vale do Rio dos Sinos - UNISINOS*,
pelo apoio material, capaz de tornar possível
a consecução desta obra.

Sumário

Capítulo I - Caráter protetivo e pacificador do Direito Penal 11
   1.1. Principal tarefa do Direito Penal 11
   1.2. Conseqüências jurídicas principais do crime e justificativas da pena .. 15
   1.3. A relevância do bem jurídico protegido 17

Capítulo II - Direito Penal Econômico 21
   2.1. Ordem econômica 21
   2.2. Direito Econômico 22
   2.3. Direito Penal Econômico 25
   2.4. Crimes econômicos 26
   2.5. A caracterização de crimes econômicos tipificados em algumas leis especiais 28
   2.6. A relação do crime de "lavagem de dinheiro" com o Direito Penal Econômico 31

Capítulo III - Lavagem de dinheiro 33
   3.1. A expressão "lavagem de dinheiro" 33
   3.2. Síntese da evolução histórica da "lavagem de dinheiro" 34
   3.3. Bem jurídico tutelado 38
   3.4. Sujeito ativo do crime de "lavagem de dinheiro": pessoa natural e pessoa jurídica? 41
   3.5. Sujeito passivo do crime de "lavagem de dinheiro" 48
   3.6. Objeto material 50
   3.7. Elemento subjetivo 51
   3.8. Algumas características do crime de "lavagem de dinheiro" 52

Capítulo IV - Crimes antecedentes 57
   4.1. Pressuposto lógico do crime de "lavagem de dinheiro" 57
   4.2. Enumeração taxativa 61
   4.3. Outros crimes e contravenções não enumerados na lei 62
   4.4. Necessidade de definição clara dos crimes antecedentes 67
      4.4.1. Crimes antecedentes inexistentes e de duvidosa tipificação 67
         4.4.1.1. Terrorismo 67
         4.4.1.2. Organização criminosa 68
   4.5. Seleção equivocada dos crimes antecedentes 71

Capítulo V - Conduta delituosa de "lavagem de dinheiro" ... 73
5.1. O Direito Penal como *ultima ratio* ... 73
5.2. Conceito de crime ... 77
    5.2.1. Conceitos formal e material ... 77
    5.2.2. Conceito analítico ... 77
5.3. As figuras delitivas de "lavagem de dinheiro" ... 79
    5.3.1. Crimes formais, de mera conduta e permanentes ... 80
        5.3.1.1. Crimes formais ... 80
        5.3.1.2. Crimes de mera conduta ... 81
        5.3.1.3. Crimes permanentes ... 81
5.4. Tipo e tipicidade ... 81
    5.4.1. Tipo ... 82
    5.4.2. Estrutura do tipo ... 82
    5.4.3. Tipo misto alternativo ... 85
    5.4.4. Tipicidade ... 87
    5.4.5. Antijuridicidade ... 87
    5.4.6. Culpabilidade ... 88
        5.4.6.1. Conceito ... 88
        5.4.6.1.1. Teoria psicológica ... 89
        5.4.6.1.2. Teoria psicológico-normativa da culpabilidade ... 91
        5.4.6.1.3. Teoria normativa pura ... 91
5.5. Crime sem culpabilidade? ... 92
5.6. Elementares ou elementos essenciais do crime e circunstâncias ou *accidentalia delicti* ... 95
5.7. O crime antecedente como elementar da descrição típica do crime de "lavagem de dinheiro" ... 97
5.8. Juízo de certeza do crime antecedente e de incerteza da respectiva autoria ... 98
    5.8.1. Juízo de certeza do crime antecedente ... 98
    5.8.2. Incerteza da autoria do crime antecedente ... 99
5.9. Características comuns entre o crime de "lavagem de dinheiro" e o crime de receptação ... 100
5.10. Certeza do crime antecedente: absolvição e inimputabilidade ... 104
    5.10.1. Certeza do crime antecedente: sentença condenatória ... 106

Capítulo VI - Análise crítica sobre aspectos materiais e formais da legislação penal brasileira de "lavagem de dinheiro" ... 111
6.1. Modernização das leis penais? ... 111
6.2. A dependência absoluta dos crimes de "lavagem de dinheiro" ... 113
6.3. Crimes antecedentes classificados como elementares do tipo diferido ... 114
    6.3.1. Tráfico ilícito de substâncias entorpecentes ou drogas afins (art.1º, I) ... 115
    6.3.2. Crime de terrorismo (art.1º, II) ... 115
    6.3.3. Crime de contrabando ou tráfico de armas, munições ou material destinado a sua produção (art.1º, III) ... 116

6.3.4. Crime de extorsão mediante seqüestro (art.1º, IV) 117
6.3.5. Crime contra a Administração Pública (art.1º, V) 118
6.3.6. Crime contra o sistema financeiro nacional (art. 1º, VI) 119
6.3.7. Crime praticado por organização criminosa (art.1º., VII) 119
6.4. Outros crimes derivados dos crimes antecedentes (art.1º, § 1º, I, II e III) 121
    6.4.1. Conversão em ativo ilícito (art.1º, § 1º, I) 121
    6.4.2. Adquirir, receber, trocar, negociar, dar ou receber em garantia, guardar, ter em depósito, movimentar ou transferir, para ocultar ou dissimular a utilização de bens, direitos ou valores advindos de crimes antecedentes (art.1º, § 1º, II) 122
    6.4.3. Importar ou exportar bens com valores não correspondentes aos verdadeiros, para ocultar ou dissimular a utilização de bens, direitos ou valores provenientes de qualquer dos crimes antecedentes (art.1º, § 1º, III) 123
6.5. Quem está sujeito às mesmas penas previstas no art.1º da Lei nº 9.613/98? 123
    6.5.1. Quem utiliza bens, direitos ou valores, na atividade econômico-financeira, sabendo serem provenientes de qualquer dos crimes antecedentes, conforme dispõe o § 2º, inciso I, incorre nas mesmas penas de reclusão de três a dez anos e multa, previstas no art. 1º da mesma Lei nº 9.613/98. 123
    6.5.2. Quem participa de grupo, associação ou escritório tendo conhecimento de que sua atividade principal ou secundária é dirigida à prática de crimes previstos na Lei nº 9.613/98 (art.1º, § 2º, II), também incorre nas mesmas penas de reclusão de três a dez anos e multa 124
6.6. Da tentativa 126
6.7. Aumento de pena para o crime cometido de forma habitual e por organização criminosa (art.1º, § 4º) 128
    6.7.1. Crime "cometido de forma habitual" 128
    6.7.2. Aumento de pena quando o crime for praticado por organização criminosa 129
6.8. Do processo criminal e do julgamento 129
6.9. Da delação premiada (art. 1º, § 5º) 132
6.10. Procedimento e julgamento 136
    6.10.1. Competência 136
    6.10.2. Denúncia 137
    6.10.3. Inconstitucionalidade do § 2º do art. 2º 138
    6.10.4. Contradição entre o § 2º do art. 2º e o § 3º do art.4º 140
    6.10.5. Levantamento das medidas assecuratórias 141
    6.10.6. Liberação dos bens (§ 2º, art. 4º) 141
    6.10.7. Vedação à concessão de fiança e de liberdade provisória 143
    6.10.8. Direito de apelar em liberdade 146
Referências bibliográficas 148

Capítulo I

Caráter protetivo e pacificador do Direito Penal

1.1. PRINCIPAL TAREFA DO DIREITO PENAL

É inconcebível a existência de sociedade humana sem se imaginar um Direito que se origine de suas próprias necessidades fundamentais. Esse Direito, no momento de seu nascimento, passa também a disciplinà-la, estabilizando-a e oportunizando sobrevivência. Isto porque o homem, ao ingressar na sociedade, perde aquele sentimento de fraqueza que lhe é inerente; sufoca a igualdade, e dá início a um estado de guerra.[1]

O Direito advindo da própria sociedade, desde o primeiro momento de sua formação, traz em si as garantias mínimas imprescindíveis à convivência social, definidas por suas normas que, por sua vez, ingressam num universo onde passam a fazer parte integrante do ordenamento jurídico, em que sociedade e indivíduo compõem o seu destino, num Estado organizado.[2]

Os fatos humanos que contrariam o ordenamento jurídico, por evidente, estão agredindo, lesando, ofendendo, violando, ou colocando numa situação de perigo ao bem por ele tutelado, protegido, resultando, daí, o ilícito jurídico, "cuja modalidade mais grave é o ilícito penal, que lesa os bens mais importantes dos membros da sociedade".[3] Mas sem qualquer eficácia restaria a tutela do bem, se não houvesse a imposição de uma medida sancionatória (pena ou medida de segurança), a ser aplicada quando surgissem fatos humanos violadores da norma, embora a função sancionatória do Direito Penal não seja a de reparar bens, mas sim a de conservar a identidade

---
[1] MONTESQUIEU, Charles Secondat. Baron de Bréde e. *O Espírito das leis*. São Paulo: Saraiva, 1992, p. 79.
[2] BRUNO, Aníbal. *Direito penal*: parte geral, Rio de Janeiro: Forense, t. I, 1967, p. 25.
[3] BITENCOURT, Cezar Roberto. *Manual de direito penal*: parte geral. São Paulo: Revista dos Tribunais, 1997, p. 27.

normativa da sociedade. Daí por que o Direito Penal não pode reagir diante de um fato enquanto lesão de um bem jurídico, senão tão-somente frente a um fato enquanto violador da norma penal.[4]

Somente os fatos abrangidos pela lei penal são considerados ilícitos penais. Não há crime sem lei anterior que o defina. Não há pena sem prévia cominação legal. É princípio que está insculpido no art. 5º, XXXIX, da Constituição Federal e também no art. 1º do Código Penal.

Esse princípio conhecido como da legalidade e, também, da reserva legal, é adotado por quase todas as legislações modernas do mundo, segundo o qual, ninguém poderá ser responsabilizado penalmente por fato que a lei não considera crime, e nem sofrer qualquer sanção sem que haja previsão legal.

Tem-se, a partir do princípio da legalidade, a perspectiva de um Direito Penal garantista. Porém, não se pode olvidar que a garantia não está apenas na norma penal escrita e respectiva sanção cominada em abstrato. Esse princípio é apenas um dos pressupostos que se insere na moderna teoria do Direito Penal garantista, porque tanto pode existir concepção de pena como aflição mínima e necessária, como, também, pena elevada, arbitrária e antigarantista, com o sentido de prevenção especial e de defesa social, visando à máxima segurança possível sem, contudo, ferir o princípio da legalidade. Assim, esse princípio, embora essencial ao Direito Penal garantista, poderá agasalhar, além do Direito Penal mínimo, também o Direito Penal máximo, com pena desproporcional ao fato, pena com aflição máxima. Embora imponha limites ao arbítrio judicial, não tem força suficiente para impedir o arbítrio do Estado na elaboração de figuras delituosas iníquas com sanções penais "cruéis e degrandantes. Por isso, impõe-se a necessidade de limitar ou, se possível, eliminar o arbítrio do legislador".[5]

Outros princípios e critérios devem ser observados desde a formação da norma, a fim de que fique insculpida em si a garantia de imposição de um mínimo de aflição ao infrator, com um máximo de satisfação para a sociedade, como a dúvida solucionada a favor do réu; da vedação da *reformatio in pejus;* da vedação de penas, infamantes, perpétuas, desproporcionais à lesão ou ameaça de lesão ao bem jurídico; da adequação social; da insignificância; da culpabilidade e da fragmentariedade.

---

[4] JAKOBS, Güinther. *Sociedad, norma y persona*: en una teoría de derecho penal funcional. Madrid: Civitas, 1996, p. 11.

[5] BITENCOURT, Cezar Roberto. *Novas penas alternativas.* São Paulo: Revista dos Tribunais, 1999, p. 34.

A tarefa do Direito Penal, anota Wessels,

"consiste em proteger os valores elementares da vida comunitária no âmbito da ordem social e garantir a manutenção da paz jurídica (2). Como ordenação protetiva e pacificadora serve o Direito Penal à proteção dos bens jurídicos e à manutenção da paz jurídica".[6]

A função do Direito Penal é, enfim, a de todo o Direito, ou seja, a de regular a convivência humana, porque é uma parte do Direito na sua totalidade que regula com mais vigor os aspectos particularmente mais importantes da convivência social.[7]

Também se insere nesse contexto a lição de Ferrajoli, quando trata do direito penal mínimo, ao salientar que:

"el fin del derecho penal no es reducible a la mera defensa social de los intereses constituidos contra la amenaza representada por los delitos. Es, más bien, la protección del débil contra el más fuerte: del débil ofendido o amenazado por el delito, así como del débil ofendido o amenazado por la venganza; contra el más fuerte, que en el delito es el delincuente y en la venganza es la parte ofendida o los sujetos públicos o privados solidários con él".[8]

Essa função protetiva do Direito Penal, que tende cada vez mais a se aperfeiçoar, não tanto pela vontade do legislador, passou a ter maior significação com os pactos entre povos e governos, que abriram espaço para grandes conquistas ao longo da história. Conquistas obtidas por intermédio de luta – luta dos povos, dos governos, das classes sociais, dos indivíduos.[9]

O Pacto de maior relevância no Direito Penal, de que se tem notícia, é aquele que está expresso nos poucos artigos constantes da Declaração dos Direitos do Homem e do Cidadão, cujo texto fora discutido e votado no curto período de 17 a 26 de agosto de 1789, na Assembléia Constituinte francesa, passando, posteriormente, a integrar como prefácio, a Constituição daquele país, a partir de 1791.

---

[6] WESSELS, Johannes. *Direito penal*: parte geral. Porto Alegre: Fabris, 1976, p. 3.

[7] BAUMANN, Jürgen. *Derecho penal*: conceptos fundamentales y sistema. Buenos Aires: Depalma, 1973, p. 6-7.

[8] FERRAJOLI, Luigi. *Derecho y razón*: teoria del garantismo penal. Madrid: Trotta, 1995, p. 335. O texto traduzido para o Português quer dizer: o fim do Direito Penal não é reduzível a mera defesa social dos interesses constituídos contra a ameaça representada pelos delitos. É, muito mais, a proteção do débil contra o mais forte: do débil ofendido ou ameaçado pelo delito, assim como do débil ofendido ou ameaçado pela vingança; contra o mais forte, que no delito é o delinqüente e na vingança é a parte ofendida ou os sujeitos públicos ou privados solidários com ele.

[9] IHERING, Rudolf Von. *A luta pelo direito*. Rio de Janeiro: Rio, 1983, p. 15.

As disposições desse Pacto serviram também como verdadeiros e importantes alicerces, dando apoio às linhas mestras do Direito Penal moderno, cujos princípios neles explícitos são os mesmos que formam o arcabouço da legislação penal de vários países, inclusive do Direito Penal brasileiro.

A parte referente à matéria penal que consta dessa importante Declaração dos Direitos do Homem e do Cidadão foi pautada nos seguintes termos:

"Art. V – a lei só tem o direito de proibir as ações nocivas à sociedade. Tudo o que não é proibido pela lei não pode ser impedido e ninguém pode ser constrangido a fazer o que ela não manda. Art. VII – nenhum homem pode ser acusado, preso ou detido, senão nos casos determinados pela lei, e segundo as normas por ela prescritas. Os que solicitam, expedem, executam ou fazem executar ordens arbitrárias devem ser punidos, mas todo cidadão chamado ou atingido pela lei deve obedecer imediatamente, tornando-se culpado pela resistência. Art. VIII – a lei não deve estabelecer senão as penas estrita e evidentemente necessárias e ninguém pode ser punido senão em virtude de lei estabelecida e promulgada anteriormente ao delito, e legalmente aplicada. Art. IX – todo homem é presumido inocente até que for declarado culpado e, se julgado indispensável sua prisão, todo rigor desnecessário para assegurar-se de sua pessoa deve ser severamente reprimido pela lei".[10]

Esse marco histórico do Direito Penal significou o início da igualdade de tratamento e a conquista da cidadania de um povo, que estava submetido ao jugo dos poderosos. Princípios que gradativamente foram se alargando, desdobrando-se e proporcionando novas conquistas que passaram a ser impostas nas legislações de vários países do mundo como, por exemplo, o da retroatividade da lei mais benigna, o da interpretação favorável da lei, da proibição da interpretação extensiva e da aplicação analógica, exceto *bonam partem*.

Dentre outros pactos existentes, que se pode dizer serem corolários do pacto francês, mas também revestidos de singular importância, destacam-se a Declaração Universal dos Direitos Humanos, aprovada e adotada pela Assembléia Geral das Nações Unidas, a 10 de dezembro de 1948, e a Convenção Americana Sobre Direitos Humanos, o chamado "Pacto de San José de Costa Rica", adotada e exposta à assinatura, a 22 de novembro de 1969, na Conferência

---

[10] LYRA, Roberto. *Direito penal normativo*. 2. ed., Rio de Janeiro: José Konfino Editor, 1977, p. 8.

Especializada Interamericana sobre Direitos Humanos, em San José da Costa Rica.

Apesar das críticas que têm sido feitas ao sistema penal, entendido como "controle social punitivo institucionalizado",[11] com sobradas razões, não se pode deixar de reconhecer o esforço constante dos doutrinadores em aperfeiçoá-lo, para melhor cumprir sua função protetiva e pacificadora. Porém, o mesmo não se pode dizer do legislador, que dificilmente atua sem a influência de *lobbies*, o que vem dificultar a persecução dos verdadeiros fins da norma penal objetivamente imposta, desvirtuando-a do interesse geral.[12]

1.2. CONSEQÜÊNCIAS JURÍDICAS PRINCIPAIS DO CRIME E JUSTIFICATIVAS DA PENA

Não se podem confundir todas as condutas antijurídicas com delito, com crime, embora todos os delitos tenham em seu conteúdo, em sua estrutura, condutas antijurídicas. São várias as conseqüências jurídicas do delito, a mais importante, *la primera y principal*,[13] porém, é a pena.

"Las medidas de seguridad, la responsabilidad civil o el pago de las costas procesales son también consecuencias jurídias del delito, pero desempeñan en el ámbito jurídico-punitivo un papel más modesto".[14]

A pena é a manifestação da coerção penal em sentido estrito, enquanto as demais conseqüências do crime são tidas como coerção penal em sentido amplo.[15] A lei penal em sentido estrito vincula a uma conduta a pena, enquanto a lei penal em sentido amplo "é a que abarca todos os preceitos jurídicos que precisam as condições e limites do funcionamento desta relação".[16]

---

[11] ZAFFARONI, Eugenio Raúl; PIERANGELI, José Henrique. *Manual de direito penal brasileiro*: parte geral. São Paulo: Revista dos Tribunais, 1999, p. 70.

[12] TAVARES, Juarez. Critérios de seleção de crimes e cominação de penas. *Parquet*, Relatório da Escola Superior do Ministério Público do Rio Grande do Sul, 1992/1993, p. 114.

[13] CAFFARENA, Borja Mapelli; BASOCO, Juan Terradillos. *Las consequencias jurídicas del delito*. Madrid: Civitas, 1996, p. 29.

[14] DÍAZ, Geraldo Landrove. *Las consecuencias jurídicas del delito*. Madrid: Editorial, 1996, p. 15. Traduzido o texto citado para a língua portuguesa significa dizer que ... As medidas de segurança, a responsabilidade civil ou o pagamento das custas processuais são também conseqüências jurídicas do delito, mas desempenham no âmbito jurídico-punitivo um papel mais modesto.

[15] ZAFFARONI, Eugenio Raúl; PIERANGELI, José Henrique. *Op. cit.*, p. 103.

[16] Id. ibid.

A pena não pode ser vista simplesmente como castigo, ou seja, o mal justo que a ordem jurídica impõe à injustiça manifestada do mal praticado pelo delinqüente, num sentimento de justiça, na concepção ética de Kant, ao fundamentar a teoria absolutista;[17] nem pode ser entendida, segundo a concepção de Hegel, tão-somente com o caráter retributivo pela necessidade de restabelecer acordo da vontade do corpo social representada pela ordem jurídica com a vontade particular do infrator, acordo violado pelo delito. E isto é conseguido negando com a sanção a negação da vontade do corpo social causada pela manifestação de vontade do delinqüente.[18]

Outras concepções de justificativa da pena existem, como as teorias relativas, também conhecidas como teorias finalistas: o que justifica a pena é a necessidade social, em função da própria segurança e da ordem do direito, pela prevenção do crime. É essencialmente um mal, mas é fator de equilíbrio da ordem jurídica. Pune-se para evitar futuras infrações.[19] Essas teorias dirigem-se ao fim da pena, procurando evitar que sejam cometidos fatos puníveis.[20] Enquanto as teorias mistas ou unificadoras, ao cuidarem dos fins da pena, agrupam-nos num único conceito, a partir de críticas das soluções monistas sustentadas pelas teorias absolutas e relativas.[21] Concebem a pena como retribuição, como expiação do crime, conduzindo, assim, a uma preocupação da justiça; fazendo, todavia, concorrer com essa exigência, na sua fundamentação, a do interesse da segurança social. "A idéia do justo e a idéia do útil vêm juntar-se no mesmo plano para a justificação da medida punitiva".[22]

Na ótica de Jorge de Figueiredo Dias, entretanto, em função da necessidade que tem o Estado no exercício do Direito Penal, de subtrair parcelas mínimas de direitos das pessoas, como "liberdade e garantias indispensáveis ao funcionamento, tanto quanto possível sem entraves, da sociedade, à preservação de seus bens jurídicos essenciais; e a permitir por aqui, em último termo, a realização mais livre possível da personalidade de cada um enquanto pessoa e enquanto membro da comunidade",[23] justifica-se a *natureza preventiva* tão-somente dos fins da pena.

---

[17] BRUNO, Aníbal. *Comentários ao código penal*. Rio de Janeiro: Forense, v. 2, 1969, p. 13.

[18] CAFFARENA, Borja Mapelli; BASOCO, Juan Terradillos. *Op. cit.*, p. 36.

[19] DÍAZ, Geraldo Landrove. *Op. cit.*, p. 19.

[20] BAUMANN, Jürgen. *Op. cit.*, p. 15.

[21] BITENCOURT, Cezar Roberto. *Manual de direito penal*. São Paulo: Revista dos Tribunais, 1997, p. 111.

[22] BRUNO, Aníbal. *Direito penal*: parte geral. 3. ed., Rio de Janeiro: Forense, 1967, t. III, p. 35.

[23] DIAS, Jorge de Figueiredo. *Questões fundamentais do direito penal revisitadas*. São Paulo: Revista dos Tribunais, 1999, p. 129.

Mas o melhor seria o Estado responder ao mal com o bem. O punir por punir apenas o criminoso, porque cometeu um delito, não é a solução para o grande problema da criminalidade. O motivo, a razão pela qual o delito é cometido, é o que deve ser atacado em primeiro lugar. Na lição de Roberto Lyra,

"O antídoto contra o mal é o bem. Responder ao mal com o bem é que seria justo e útil, tanto para a sociedade, quanto para a família e o indivíduo. O Estado proporcionaria a este, embora compulsoriamente, o que lhe seria devido. Assim, legitimaria a cobrança dos deveres assegurando os direitos ao lar, à instrução, à educação, à higiene, à saúde, ao trabalho. Beneficiar e, não prejudicar. Por isso, a aplicação analógica ampliaria o benigno".[24]

Orientação de ordem psicológica, sociológica e educacional de um modo geral e, até mesmo jurídica, aos responsáveis pela formação da criança, às expensas do Estado, pelo menos até atingir a adolescência, séria e de forma contínua, eventuais problemas de ordem psicológica com a possibilidade de acarretar irrecuperáveis danos, poderiam seguramente ser evitados. Os custos, por certo, não seriam tão significativos como o são para a manutenção de presídios e manicômios judiciários, sem a esperança de um dia vir a ser amenizado o problema da criminalidade.

1.3. A RELEVÂNCIA DO BEM JURÍDICO PROTEGIDO

O Direito Penal caracteriza-se principalmente pela coerção penal em sentido estrito, que é a manifestação da pena. Mas o interesse do Estado em atacar a criminalidade, apenas criminalizando comportamentos que entenda socialmente inadequados e, por outro lado, editando leis, elevando penas para crimes já existentes, sem se ater a critérios que venham trazer equilíbrio numa relação de proporcionalidade entre conduta, lesão do bem jurídico e pena, nunca foi e nunca será medida eficaz nesse sentido. A experiência já demonstrou que, para cada tipo novo de crime que surge, por via de conseqüência, poderá ocorrer significativo aumento da criminalidade em concreto, com reflexos em outros tipos legais já existentes, ao gerar criminalizações secundárias.

Exemplo típico de nova criminalização com aumento secundário de outros crimes encontra-se na história da legislação norte-americana quando, com a proibição do uso de bebida alcoólica, outras

---
[24] LYRA, Roberto. Op. cit., p. 212-3.

infrações penais, em decorrência, surgiram, como a corrupção administrativa, organizações clandestinas e outras lesões de bens jurídicos semelhantes; o que motivou a revogação dessa proibição, como medida capaz de amenizar o novo problema que surgira e, ao mesmo tempo, para esvaziar a motivação ao surgimento de outros delitos.[25]

Na elaboração da lei penal, o legislador deve valer-se de técnicas adequadas para a construção do tipo, modelo legal do comportamento humano, que vai além dos limites toleráveis socialmente. Por ser o tipo penal a descrição do fato delituoso em sua potencialidade, ou seja, a descrição da conduta humana contrária à convivência social, ou, ainda, aquela conduta agressiva ao bem jurídico, ou que o põe em perigo, se faz necessária uma profunda investigação para saber se ela chega a ultrapassar, ou não, os limites socialmente toleráveis. Poderá até causar lesão ou pôr em perigo determinado bem jurídico; porém, poderá não haver necessidade de criminalização, por não alcançar suficiente gravidade que mereça ser imposta uma pena em função de uma determinada conduta. Pode a lesão ao bem jurídico ser penalmente tão insignificante que se torna justificável a não seleção em processo de criminalização;[26] podendo ser possível a solução na via civil ou administrativa.

Só o bem jurídico relevante justifica a proteção penal, uma vez que o princípio da proteção do bem jurídico é que gera toda a discussão à formação da legislação penal. Nesta perspectiva, somente pode ser considerada a atuação do Direito Penal contra um comportamento humano, se for possível lastrear-se na proteção de um bem jurídico relevante, que é o objeto dessa proteção.[27] Sem esta parte nuclear, não é possível a caracterização e, por conseguinte, a existência e delimitação de um Direito Penal em condições de servir de instrumento de controle social, para a proteção de interesses e valores humanos. Mas esse controle do Direito Penal deve ser perseguido como *ultima ratio*, ou seja, depois de esgotados todos os demais instrumentos eficazes e menos lesivos, que devem estar disponíveis.[28]

---

[25] CASTRO, Lola Aniyr de. Sistema penal e sistema social: a criminalização e a descriminalização como função de um mesmo processo. *Revista de Direito Penal*. Rio de Janeiro: Forense, 1981, v. 30, p. 20.

[26] LOPES, Maurício Antonio Ribeiro. *Princípio da insignificância no direito penal*. São Paulo: Revista dos Tribunais, 1997, p. 144.

[27] JAKOBS, Güinther. *Derecho penal*: parte general, fundamentos y teoría de la imputación. Madrid: Ediciones Jurídicas, 1997, p. 48.

[28] HASSEMER, Winfried. *Três temas de direito penal*. Porto Alegre: Fundação Escola Superior do Ministério Público, 1993, p. 31-2. BITENCOURT, Cezar Roberto. *Novas penas alternativas*. São Paulo: Saraiva, 1999, p. XXVI e Introdução.

O bem jurídico relevante e por isto merece a proteção do Direito Penal, é aquele bem vital da comunidade ou do indivíduo, de significação social.[29] "Temos que ter presente uma concepção material do bem jurídico, e não puramente formal".[30] Não pode o bem jurídico ser qualquer interesse que o legislador arbitrariamente entenda deva merecer a tutela do Direito Penal. Bem jurídico, como bem consigna Alberto R.R. Rodrigues de Souza, "é aquela realidade cuja consistência, cujas características a tornam realmente adaptável e afeiçoada à tutela jurídica".[31] Continuando, ressalta o mesmo insigne autor:

"O legislador não há de ser o inventor do bem jurídico. A realidade juridicamente valiosa, necessitada e merecedora da tutela penal, de certa maneira se deve impor ao legislador. Esta é a chamada concepção material do bem jurídico, de que se ocupou, entre outros, Hans Joachin Rudolphi".[32]

Com a caracterização e delimitação do bem jurídico penalmente relevante, é que poderá ser situado o Direito Penal num determinado compartimento, tendo em vista as diferentes formas que o bem assume, como objeto psicofísico ou espiritual: a vida e a honra; ou como estado real: tranquilidade do lar; ou como relação afetiva: o matrimônio e o parentesco; ou como relação jurídica: a propriedade, o direito à caça; ou, ainda, como conduta de um terceiro: dever de fidelidade do funcionário público, bem jurídico protegido contra o suborno.[33]

No entanto, muitos bens jurídicos que merecem ser penalmente protegidos são de difícil caracterização e, por conseguinte, de difícil tipificação na legislação penal a conduta potencialmente danosa como, por exemplo, danos contra a saúde pública, contra a economia popular, contra o meio ambiente, contra a ordem econômica e financeira, por se inserirem no contexto daqueles bens jurídicos conhecidos como difusos, ou supraindividuais ou, ainda, metaindividuais. Como não estão diretamente vinculados a uma pessoa individualizada, há dificuldade para caracterizá-los e delimitá-los.[34] Por isso, a lesão a esses bens por vezes não é também facilmente perceptível, o

---

[29] WELZEL, Hans. *Derecho penal aleman*. Santiago de Chile: Editorial Jurídica de Chile, 1997, p. 5.

[30] SOUZA, Alberto R. R. Rodrigues de. Bases axiológicas da reforma penal brasileira: In: *O Direito penal e o novo código penal brasileiro*. Porto Alegre: Fabris, 1985, p. 47.

[31] Id. ibid.

[32] Id. ibid.

[33] WELZEL, Hans. *Op. cit.*, p. 5.

[34] SANGUINÉ, Odone. Introdução aos crimes contra o consumidor: perspectiva criminológica e penal. *Fascículos de ciências penais*, Porto Alegre: Fabris, v. 4, n. 2, abr./maio/jun., 1991, p. 32.

que é diferente, porém, quando se trata de lesão à pessoa, ao patrimônio de alguém especificamente, à saúde individual, ou à liberdade, porque nestas hipóteses há vinculação da pessoa ao bem, numa relação específica e, também, entre mais de uma pessoa, ou seja, entre ofensor e ofendido. Com isso, entretanto, não está afastada a relação da pessoa ao bem jurídico difuso que deve ser protegido; ao contrário, o que não há é uma relação individual específica, mas existe a proteção do bem jurídico vinculado à coletividade, na qual se insere o indivíduo.

O dinamismo social dos últimos tempos possibilitou e, até mesmo forçou, o surgimento de alguns bens jurídicos que não estão diretamente vinculados a pessoas individuais, mas que merecem a proteção penal. Não significando com isso, no entanto, que não haja vinculação à pessoa, o que ocorre é que o vínculo se dá em relação a uma determinada coletividade, na qual, obviamente, cada pessoa é favorecida pela proteção de interesses e de valores considerados coletivos, ou difusos, por fazerem parte do funcionamento do sistema. São bens que foram assumindo relevância e, por isso, mereceram a proteção do Direito Penal, como bens coletivos.[35]

---

[35] RAMÍREZ, Juan Bustos. Perspectivas atuais do direito penal econômico. *Fascículos de ciências penais*, Porto Alegre: Fabris, v. 4, n. 2, 1991, p. 5.

Capítulo II

Direito Penal Econômico

2.1. ORDEM ECONÔMICA

Para se delimitar crime econômico e crime financeiro, mister se faz delinear, antes, os contornos essenciais da ordem econômico-financeira a que alude a Constituição brasileira.

No Título VII, a Constituição tem, como parte integrante de seu conteúdo, princípios que ainda não foram postos em prática, ainda que prioritários e imprescindíveis para "assegurar a todos a existência digna, conforme os ditames da justiça social" a que alude.

As normas constitucionais insculpidas no Título VII são vagas e genéricas de sorte que, sem leis infraconstitucionais que as regulamentem e sem vontade política, dificilmente serão postos em prática os princípios nelas contidos, capazes de corrigir as desigualdades sociais. Não há perspectiva de distribuição de renda, concentrada cada vez mais em mãos de poucos e, também, de serem criadas possibilidades de aumento de "emprego pleno". O que está ocorrendo é bem ao contrário, porque os bens essenciais à satisfação das necessidades primárias das pessoas, como alimentação, saúde, habitação e vestuário, ou seja, aqueles bens essenciais à vida, cada vez mais distantes estão da classe menos favorecida. Mas a solução de problemas sociais dessa ordem não depende exclusivamente de leis que regulamentem aquelas disposições constitucionais, mas, também, e principalmente de vontade política dos governantes, capaz de pôr em prática atividades econômicas lícitas, necessárias à solução de problemas sociais, como o desemprego e determinadas atividades que vão ensejando o crescimento da chamada economia marginal, considerada também economia informal, derivando, por vezes, para atividades ilícitas que vão atingir proporções incomensuráveis, inclusive com a organização de grupos ligados a atividades criminosas, emergindo, por conseguinte, a chamada economia subterrânea.[36]

---
[36] LEFORT, Víctor Manuel Nando. *El lavado de dinero*. México: Editorial Trillas, 1997, p. 12.

Os princípios que regem a ordem econômica elencados no art. 170 da Constituição Federal se fazem necessários à medida que servem de apoio à existência digna de todos os cidadãos, ainda que teoricamente. Não obstante, nem sempre tais princípios são absolutamente observados. O *princípio da soberania nacional*, "que significa poder político superior, o mais alto, acima do qual nenhum existe, poder este exercido pela união"[37] é, em seu conteúdo jurídico, o que garante e protege o direito à liberdade e à independência da nação organizada em Estado, ainda que despida de importância, por mais frágil que possa ser.[38] Mas, a despeito de sua relevância, denotam-se, com freqüência, algumas interferências de organismos internacionais, como tem noticiado a mídia, com imposição de certas regras pelo Fundo Monetário Internacional (FMI), que interferem diretamente na ordem econômica e financeira nacional, com implicações, por via de conseqüência, na ordem social.

Embora também relevantes, mas nem todos observados e adotados, são os princípios da *propriedade privada* e de sua função social; o da *livre concorrência; da defesa do consumidor; defesa do meio ambiente; redução das desigualdades sociais; busca do pleno emprego e tratamento favorecido para as empresas de pequeno porte constituídas sob as leis brasileiras e que tenham sua sede e administração no País*. Mas ainda que omisso o Estado na observância de muitos desses princípios, há que se considerá-los para a contextualização do Direito Econômico, que nasce em função da necessidade que tem o Estado de dirigir, desenvolver e regular as atividades econômicas particulares e, também públicas, estas em menor escala. É por intermédio de leis, inclusive em nível constitucinal, que o Estado procura esboçar regras necessárias à regulamentação de atividades econômicas. Daí por que deve-se entender a *ordem econômica* como parte integrante da *ordem jurídica*, não se podendo, por conseguinte, divorciar o Direito Econômico da Ordem Econômica.[39]

2.2. DIREITO ECONÔMICO

Por ter o poder soberano instituído pela Constituição e leis infraconstitucionais que produz, mas que também a elas se subordi-

---

[37] NASCIMENTO, Tupinambá Miguel Castro do. *A ordem econômica e financeira e a nova constituição.* Rio de Janeiro: AIDE, 1989, p. 10.

[38] FRANCO, Afonso Arinos de Melo. *Curso de direito constitucional brasileiro.* Rio de Janeiro: Forense, 1958, p. 112.

[39] GRAU, Eros Roberto. *A ordem econômica na Constituição de 1988.* 3. ed., São Paulo: Malheiros, 1997, p. 41.

na, é que o Estado se sobrepõe ao particular para adotar as medidas de intervenção na economia de um país, necessárias ao bem-estar geral.

Por vezes o Estado se vê obrigado a interferir na livre iniciativa da indústria e do comércio, tomando certas medidas para coibir abusos, em nome do interesse geral. Por força do comando constitucional, expresso no § 4º do art. 170 da Constituição brasileira, lei infraconstitucional limitará certos poderes da iniciativa privada, quando houver exagero na atividade econômica com o intuito de dominação de mercado, supressão de concorrência e, também, de aumento arbitrário de lucros.

O Direito, em especial o Econômico, que ora se cuida, está sempre evoluindo, por ser resultado de fatos, de causas complexas.

"Mas a causa principal é a ordem econômica e social: o direito alterou-se para se adaptar às novas relações existentes entre os vários actores, públicos e privados, da vida econômica e social. Daí a idéia de que estas regras pudessem constituir um direito econômico autônomo, do qual os juristas tentaram distinguir critério e definir o conteúdo".[40]

É imprescindível que se estabeleçam as linhas mestras do Direito Econômico para se delimitar o delito econômico, que se insere num conceito mais restrito, "... cuja objetividade reside na ordem econômica, ou seja, em bem-interesse supraindividual, que se expressa no funcionamento regular do processo econômico de produção, circulação e consumo de riqueza",[41] como assevera Fragoso. Assim, o autor muito bem sintetiza o conceito de Direito Econômico, para fins criminais, por afastar alguns objetos que se circunscrevem em interesses econômicos de toda ordem sob a tutela jurídica, como o faz Etcheberry,[42] incluindo inclusive o patrimônio particular. Para Etcheberry, o crime contra o patrimônio privado, como o furto, também pode ser considerado crime econômico.

No Brasil, por ser um país em desenvolvimento, com a transformação constante de sua economia, e com a interferência do Estado, a evolução do Direito Econômico vem ocorrendo de forma acelerada, com reflexos na área do Direito Penal, mais especificamente, do Direito Penal Econômico, com tendência cada vez mais a se ampliar no contexto do ordenamento jurídico nacional.

---

[40] SAVY, Robert. *Direito público econômico*. Lisboa: Editorial Notícias, 1997, p. 11.

[41] FRAGOSO, Heleno Cláudio. Direito penal econômico e direito penal dos negócios. *Revista de Direito Penal e Criminologia*, Rio de Janeiro: Forense, nº 33, jan./jun., 1982, p. 123.

[42] ETCHEBERRY, Alfredo. Objetividade jurídica do delito econômico. *Revista brasileira de criminologia e direito penal*, n. 6, p. 99.

A concepção de Fragoso sobre o Direito Econômico está em consonância com o entendimento de Monreal que, ao conceituar Direito Econômico, leva em consideração determinadas disposições que integram esse ramo do direito que, embora jovem, vem adquirindo importante desenvolvimento. São:

"a) planificação imperativa de economia nacional; b) limitação à produção de bens e serviços, imposição de quotas obrigatórias de produção ou exigência sobre natureza e qualidade desses bens e serviços; c) distribuição obrigatória de produtos e serviços, especialmente de primeira necessidade, às vezes com a fixação de preços máximos, zonas de distribuição, controle de seu transporte, etc.; d) proteção do consumidor, identificação apropriada de bens e serviços, abusos de propaganda comercial e, em geral, medidas para impedir um manejo abusivo dos preços ou uma queda na qualidade dos produtos; e) açambarcamento, especulação e ágio em suas diversas formas; f) regulação monetária, controle de divisas e câmbio de moedas estrangeiras; g) concessão de créditos para a indústria e o comércio e taxas de juros máximos para eles".[43]

Estes elementos que se inserem no contexto de um Direito Econômico, muito bem se ajustam, na atualidade, a nossa realidade jurídica, inclusive em muitos aspectos sob o prisma constitucional, principalmente nas disposições pertinentes à *Ordem Econômica e Financeira*, no Título VII da Constituição Federal.

Segundo Monreal, ainda, em suas conclusões sobre o Direito Econômico:

"g) O Direito Econômico é aquele ramo do direito que reúne e sistematiza um conjunto de regras jurídicas de interesse público, destinadas a proteger e a manter uma certa organização e ordenação da economia nacional com vistas ao bem-estar de toda a coletividade. Suas fontes formais estão constituídas por normas administrativas e por leis emanadas do poder legislativo e, em alguns casos, por preceitos constitucionais que marcam as grandes funções do Estado na economia nacional".[44]

O Direito Econômico emerge como um novo ramo do direito em que o Estado se utiliza de técnicas jurídicas para a elaboração de sua política econômica, constituindo-se numa disciplina normativa, atra-

---

[43] MONREAL, Eduardo Novoa. Reflexos para a determinação e delimitação do delito econômico. *Revista de Direito Penal e Criminologia*, Rio de Janeiro: Forense, n. 33, jan./jun. 1982, p. 106-7. Trata-se de trabalho baseado em estudos e debates promovidos na América Latina, pelo mesmo autor, a respeito do tema delito econômico, traduzido por José Carlos Fragoso.

[44] MONREAL, Eduardo Novoa. *Op. cit.*, p. 121.

vés da qual se faz presente a ação estatal tendo como conteúdo o sistema econômico, quer seja ou não centralizado.[45]

Nessa perspectiva, exsurgem duas ordens ou categorias distintas que se identificam como a ordem pública econômica e a ordem privada econômica. Distinção que emerge dos fins das normas:

> "quando visam a preservar o econômico, como Política do Estado, tem-se a ordem pública econômica. Em se voltando para proteger o conjunto de bens, como expressão de valor de troca preocupado com o patrimônio individual, configura ordem privada econômica".[46]

2.3. DIREITO PENAL ECONÔMICO

Os bens jurídicos econômicos genéricos correspondem a uma ordem econômica preservada e protegida pelo ordenamento jurídico econômico. Assim, pode-se dizer que todo crime econômico está relacionado com bem jurídico que se insere na ordem pública econômica concreta de cada país; não sendo possível, no entanto, determinar o conteúdo desse bem jurídico, de forma geral, ou seja, de maneira que o bem venha a ser o mesmo para todos os países, indistintamente.

> "O interesse que está na base de cada bem jurídico não é criado pelo direito, senão que é fruto de uma determinada forma de conceber a sociedade e os indivíduos que a formam, a que se reflete em um concreto regime de organização social, política e econômica, que se estabelece em um país e em uma certa etapa de sua história. Mas é o direito que capta e recolhe este interesse e que, elevando-o à categoria de bem jurídico, o coloca como base na ordem social que lhe cumpre proteger e sustentar".[47]

Assim, é o Direito Econômico que preserva e harmoniza a ordem econômica. Quando certas condutas lesam ou põem em perigo bens relacionados com essa ordem econômica, de forma grave, com reflexos perturbadores do interesse social, passa a atuar para protegê-la, o Direito Penal, mais especificamente o Direito Penal Econômico, mas tão-somente como *ultima ratio*.

---

[45] COMPARATO, Fábio Konder. O indispensável direito econômico. *Revista dos Tribunais*. São Paulo: Revista dos Tribunais, n. 353, p. 22.

[46] CERNICCHIARO, Luiz Vicente. Direito penal tributário: observações de aspectos da teoria geral do direito penal. *Revista Brasileira de Ciências Criminais*, São Paulo: Revista dos Tribunais, ano 3, n. 11, 1995, p. 177.

[47] MONREAL, Eduardo Novoa. *Op. cit.*, p. 109-10.

Obviamente que não há uniformidade acerca da idéia de bens jurídicos protegidos pelo Direito Penal Econômico. O conteúdo do bem jurídico nem sempre é o mesmo; ele varia de acordo com o sistema político-econômico adotado em cada país. Se, porém, o tipo penal protege determinados bens jurídicos relacionados com a ordem jurídica econômica, descrevendo o comportamento que a ela se ajuste, com suas características, identifica um crime econômico.

2.4. CRIMES ECONÔMICOS

Observa Monreal que,

"... Uma inferência importante e esclarecedora acerca do conceito de delito econômico é que basta que legalmente fique excluída a punibilidade de um fato pela eliminação ou reparação de algum dano qualificável causado à pessoa ou pessoas determinadas, para ter a certeza de que este fato típico não pode ser um delito econômico".[48]

Para o autor, o dano, a lesão, não está ligado diretamente a bem jurídico de pessoa individualmente considerada, mas a bem jurídico de uma coletividade relacionado à ordem econômica.

É em função da ordem econômica vigente num país que se pode conceituar crime econômico, num sentido normativo. No Brasil, além da ordem econômica que foi inserida na atual Constituição Federal que, em linhas gerais, seguiu os princípios das Constituições de 1946, 1967, nesta, com as profundas transformações implantadas pela Emenda Constitucional nº 1, de 1969, há que se considerar também a legislação infraconstitucional.

A Constituição brasileira de 1988 incluiu no Título da Ordem Econômica e Financeira, observa Ela Wiecko V. de Castilho,

"... além dos Princípios Gerais da Atividade Econômica, normas sobre a Política Urbana, a Política Agrícola, Fundiária e a Reforma Agrária e o Sistema Financeiro Nacional".

Também integram a Ordem Econômica, as disposições constitucionais a que faz referência a mesma autora, ou seja,

"... os preceitos inscritos nos arts. 1º, 3º, 7º a 11, 201, 202, 218 e 219. Outros também a afetam, entre os quais os do art. 5º, LXXI, do art. 24, I, do art.37, XIX e XX, do § 2º do art. 103, do art. 149, do art. 225".[49]

---
[48] MONREAL, Eduardo Novoa. *Op. cit.*, p. 112.

[49] CASTILHO, Ela Wieko. *O controle penal dos crimes contra o sistema financeiro nacional*. Belo Horizonte: Del Rey, 1998, p. 93.

Embora se tenha delineado na Constituição brasileira a "Ordem Econômica e Financeira", os bens jurídicos não são de fácil caracterização, para se estabelecer crime de natureza econômica, porque muitos que se inserem neste contexto são bens difusos, isto é, bens jurídicos que não estão vinculados diretamente à pessoa individualizada, como a "qualidade de consumo", "o meio ambiente", "a livre e limpa concorrência" e outros que estão expressos no Título VII, especialmente no art. 170 do Capítulo I da Constituição Federal.

O Estado moderno tem procurado proteger a pessoa sem se ater exclusivamente aos deveres de ordem negativa, como "não matar", "não lesionar", "não danificar". Modernamente, passou também a se preocupar com deveres de caráter positivo,

> "reconhecendo direitos que tenham relação com todos e com cada uma das pessoas do sistema social. É por isto que com razão, desde a perspectiva do Direito Penal fala-se de bens jurídicos coletivos, pois eles têm relação com toda a coletividade (qualidade de consumo, saúde pública, livre e limpa concorrência, etc.) ou com um coletivo determinado (segurança no trabalho). Sendo assim, estes bens jurídicos, justamente por estarem referidos à coletividade, entendida esta como um ente pessoa, isto é, não como uma abstração ou uma razão transpessoal, estão em situação de ser afetados de modo amplo e constante".[50]

Os crimes econômicos ofendem bens jurídicos específicos no âmbito da ordem econômica. São delitos que dizem respeito ao funcionamento do sistema, "... de caráter macrossocial, que afetam por isso bens jurídicos determinados, que estão a serviço dos bens jurídicos microssociais, que configuram as bases de existência do sistema, logo subordinados a estes, hierarquicamente".[51]

Entre nós, esses bens ou interesses protegidos pelo Direito Penal Econômico

> "... são conseqüentes, diretamente, dos objetivos fixados na Constituição, em contemplação dos superiores interesses nacionais. Assim, a Constituição institui uma ordem pública econômica, ou seja, um ordenamento superior, que impõe preceitos obrigatórios, que não podem ser modificados pela vontade das partes, tudo em nome do interesse social. Este, pois, há de ser o bem jurídico tutelado pelo Direito Penal Econômico".[52]

---

[50] RAMÍREZ, Juan Bustos. *Op. cit.*, p. 4.

[51] Idem, p. 8.

[52] ARAÚJO JÚNIOR, João Marcello de; SANTOS, Marino Barbero. *A reforma penal: ilícitos penais econômicos*. Rio de Janeiro: Forense, 1987, p. 88.

Para Manoel Pedro Pimentel,[53] os crimes financeiros e tributários são distintos de crime econômico: "... O Direito Penal Econômico não se confunde com o Direito Penal Financeiro e nem com o Direito Penal Tributário. É o que pensamos". No entanto, o mesmo autor admite que há uma relação geral entre esses ramos do Direito. Para ele, o Direito Penal Econômico integra um sistema de normas que se destinam a defender a política econômica do Estado, a fim de que esta atinja os seus objetivos. Assim, é a segurança e o alcance regular dos objetivos pretendidos pelo Estado com relação a sua política econômica que constituem o objeto jurídico do Direito Penal Econômico.[54]

Heleno Cláudio Fragoso[55] não admite a inclusão, no conceito de Direito Penal Econômico, de "os delitos das sociedades comerciais, nem os da propriedade, nem os delitos fiscais ou aduaneiros". Em termos, este também é o pensamento de Monreal,[56] dependendo, porém, de certas circunstâncias, ou seja, quando determinados impostos ou determinadas taxas aduaneiras forem criados por lei para, preponderantemente, influir no processo econômico de um país, conseguindo por este meio melhoria no sistema econômico. Quando for este o fim, passa a integrar o Direito Econômico e, também, a merecer a proteção do Direito Penal.

Araújo Júnior e Barbero Santos observam que

"... Os crimes financeiros e os tributários, enquanto violarem bens jurídicos individuais, pertencem à esfera do Direito Penal convencional, não merecendo, por isso, relevo especial. Entretanto, quando se dirigirem contra interesses difusos da sociedade, transformam-se, só por isso, em ilícitos econômicos, inexistindo, portanto, necessidade de que sejam tratados em capítulos autônomos, fato que faz presumir sejam coisas diferentes, quando em verdade não o são".[57]

2.5. A CARACTERIZAÇÃO DE CRIMES ECONÔMICOS TIPIFICADOS EM ALGUMAS LEIS ESPECIAIS

Geralmente os ilícitos econômicos são tratados em leis diversas do Código Penal (leis especiais); mais por integrarem o cenário dos

---

[53] PIMENTEL, Manoel Pedro. *Direito penal econômico*. São Paulo: Revista dos Tribunais, 1973, p. 17-9.
[54] Idem, p. 21.
[55] FRAGOSO, Heleno Cláudio. *Op. cit.*, p. 123-4.
[56] MONREAL, Eduardo Novoa. *Op. cit.*, p. 116.
[57] ARAÚJO JÚNIOR, João Marcello; SANTOS, Marino Barbero. *Op. cit.*, p. 90.

chamados delitos macroeconômicos, cuja evolução visível e velozmente vai acontecendo, sem que o legislador se aperceba desse fenômeno e procure acompanhá-lo atentamente, para melhor se valer de critérios mais rigorosos na eleboração da norma regulamentadora, de forma que venha ela a se ajustar às constantes mudanças que vão ocorrendo no quotidiano, sem haver necessidade de ser modificada para continuar dando o mesmo tratamento protetivo aos bens jurídicos a que ela se destina.

Um Código não deve estar constantemente sendo transformado, é verdade, porém é argumento que não serve para favorecer o advento de leis especiais autônomas, momentaneamente. As leis devem ser duradouras, devem ter caráter que lhes assegure permanência. Por isso, devem ser os projetos minuciosamente trabalhados, criteriosamente debatidos e, por fim, aprovados e inseridos no contexto da Parte Especial do Código Penal, de forma a satisfazer, não momentaneamente, apenas, as necessidades individuais e coletivas, mas também eventuais mudanças futuras que poderão ocorrer no comportamento social.

Assim procedendo, o legislador possibilitará a existência de uma legislação mais concentrada, mais consistente e menos contraditória, evitando que um emaranhado de leis especiais tenham vigência, mas não se revistam de validade, por contrariarem, não raras vezes, normas de caráter substancial "como o princípio da igualdade e os direitos fundamentais"[58] que é uma das forças limitadoras do poder de legislar. Não poderia assim ser, mas é o que se tem observado em grande parcela da lesgislação especial existente. Nem sempre o legislador tem-se pautado dentro daqueles princípios constitucionais que devem orientá-lo na elaboração de qualquer lei infraconstitucional.

A Lei nº 9.613/98, que tipifica os crimes de "lavagem de dinheiro", muito bem poderia ter sido incluída no texto da Parte Especial do Código Penal, se o legislador brasileiro fosse mais sensível às técnicas de seletividade de comportamentos socialmente inadequados que devem ser criminalizados. O legislador espanhol inseriu o crime de "lavagem de dinheiro" no Código Penal de 1995, considerando, para configurá-lo, qualquer crime antecedente de onde provenha o ativo ilícito, desde que se revista de gravidade pela pena cominada em abstrato, nos termos da lei;[59] dessa forma, porém, não

---

[58] FERRAJOLI, Luigi. O direito como sistemas de garantia. *In*: OLIVEIRA JÚNIOR, José Alcebíades de (Org.). *O novo em direito e política*. Porto Alegre: Livraria do Advogado, 1997, p. 95.

[59] CERVINI, Raúl; OLIVEIRA, William Terra de; GOMES, Luiz Flávio. *Lei de lavagem de capitais*. São Paulo: Revista dos Tribunais, 1998, p. 332.

procedeu o legislador brasileiro. Se assim o fizesse, possivelmente teria evitado muitos pontos controvertidos e revestidos de inconstitucionalidade, como ocorreu com a Lei nº 9.613/98, conforme adiante se verá. Assim como a Espanha, outros países também inseriram no Código Penal os crimes de "lavagem de dinheiro", como, por exemplo, a *Colômbia*, quando o capital provém de *atividades ilícitas*; o *Peru*, quando provém do *narcotráfico*; e a *Suíça*, quando provém de *atividade criminal*.[60]

No ordenamento jurídico brasileiro, constantemente são criadas leis penais especiais regulamentadoras de relações mais restritas, novas, que vão surgindo, sem serem apanhadas, pelas disposições especiais do Código Penal.[61] Assim, são aquelas normas regulamentadoras de situações específicas penais que se denominam de leis penais especiais, como as leis que regulam os crimes contra o sistema financeiro nacional; os crimes de sonegação fiscal; crimes hediondos e de "lavagem de dinheiro". Se melhor elaboradas, muito mais eficazes seriam se passassem a integrar o contexto da Parte Especial do Código Penal.

A legislação penal brasileira merece uma reformulação, mas não apenas das leis isoladas, das leis especiais, "complementares ao Código, mas leis que, paulatinamente, irão introduzindo, segundo ordem de prioridade, as alterações necessárias no próprio Código Penal, através de acréscimos, cortes e nova redação de artigos e de parágrafos".[62]

Os crimes financeiros também estão inseridos no contexto do Direito Penal Econômico, que tem por fim proteger a ordem econômica, penalizando pessoas, cujo comportamento venha a causar-lhe dano; porém também é lei especial que os regulamenta (Lei nº 7.492/86).

Na Constituição brasileira, o sistema financeiro está esboçado no Capítulo IV, do Título VII, que cuida da "Ordem Econômica Financeira", e é "estruturado de forma a promover o desenvolvimento equilibrado do País e a servir aos interesses da coletividade ..." (art. 192).

Não se pode afastar os crimes contra o sistema financeiro da esfera do Direito Penal Econômico, porque, a exemplo deste, os interesses ou bens juridicamente tutelados são coletivos, são bens

---

[60] LEFORT, Victor Manuel Nando. *Op. cit.*, p. 27-30.

[61] PIMENTEL, Manoel Pedro. *Legislação penal especial*. São Paulo: Revista dos Tribunais, 1972, p. 18.

[62] TOLEDO, Francisco de Assis. Modernização das leis penais. *In*: PENTEADO, Jacques Camargo (Org.). *Justiça Penal*. São Paulo: Revista dos Tribunais, 1995, p. 201-2.

supraindividuais, ou meta-individuais, porque se tratam daqueles bens e interesses relacionados à proteção da ordem econômica. Neste sentido, registra João Marcello de Araújo Júnior que,

"... A essa categoria, que no Brasil, segundo Cernicchiaro, tem conceito restrito, pertencem os bens jurídicos tutelados pelo Direito Penal Econômico e, em especial, os que são violados pelos delitos contra o sistema financeiro. Neles, a despeito da lesão ao patrimônio individual que possam causar, a tônica da reprovação social está centrada na ameaça ou dano que representam para o sistema financeiro, que se caracteriza como um interesse jurídico supraindividual ...".[63]

Também são protegidos pelo Direito Penal Econômico os bens e interesses jurídicos de caráter fiscal, à medida que o tributo, de um modo geral, é utilizado pelo Estado como instrumento jurídico para o controle e organização da economia, "... quer numa perspectiva de dirigismo fiscal quer de intervencionismo fiscal", anota Alfredo José de Sousa.[64] Assim considerado, observa o mesmo autor, "o imposto é um instituto jurídico do direito econômico e não apenas do direito fiscal".[65]

A afirmação de Luiz Flávio Gomes não é divergente, ao contrário, sintoniza-se com essa linha de pensamento, ao registrar que entende por "macro-delinqüência econômica a que envolve delitos econômicos, financeiros, tributários, ecológicos, fraudulentos etc. que causam graves danos sociais a vítimas difusas".[66]

2.6. A RELAÇÃO DO CRIME DE "LAVAGEM DE DINHEIRO" COM O DIREITO PENAL ECONÔMICO

Na contextualização da macrodelinqüência econômica, é evidente que também se inclui o chamado "crime de lavagem de dinheiro", ou seja, aquela conduta de tornar com aparência de lícito o dinheiro obtido por meios ilícitos, como ocorre com o dinheiro obtido por determinadas atividades criminosas (tráfico de entorpecen-

---

[63] ARAÚJO JÚNIOR, João Marcello de. Os crimes contra o sistema financeiro no esboço de nova parte especial do código penal de 1994. *Revista Brasileira de Ciências Criminais*. São Paulo: Revista dos Tribunais, ano 3, n. 11, jul./set. 1995, p. 145-65.

[64] SOUSA, Alfredo José de. Direito penal fiscal: uma prospectiva. In: *Direito penal econômico*. Coimbra: Centro de Estudos Jurídicos, 1985, p. 200.

[65] Id. ibid.

[66] GOMES, Luiz Flávio. Sobre a impunidade da macrodelinqüência econômica desde a perspectiva criminológica da teoria da aprendizagem. *Revista Brasileira de Ciências Criminais*, São Paulo: Revista dos Tribunais, ano 3, n. 11, jul./set. 1995, p. 166.

tes, contrabando, corrupção de agentes ou de determinados órgãos da administração pública em geral), por representar lesão altamente danosa à ordem econômica e financeira de um país. É, portanto, um fenômeno de caráter socioeconômico.[67] Há sérias conseqüências negativas para o sistema financeiro em seu normal funcionamento, levando à deterioração do normal fluxo de capitais, porque afeta a limpa concorrência; surgem grupos dominantes, com a criação de monopólios; não há a necessária transparência de determinadas operações financeiras; aparece o abuso do poder econômico; a concorrência desleal; a burla ao fisco; a facilitação da corrupção; e muitos outros fatores que debilitam a ordem econômica de um modo geral, que é o sustentáculo de uma sociedade organizada.

É pertinente a observação de Cervini,[68] ao registrar que Leone, conceituado especialista do Fundo Monetário Internacional, revelou que há afirmações categóricas no sentido de que "o lavado de activos" tem grande repercussão financeira, bem como "en los resultados macroeconómicos en los países industriales en forma muy clara y de manera apreciable, in distinto grado en aquellos países en vía de desarrollo". E é em razão da repercussão financeira danosa e da influência negativa que exerce na macroeconomia, que a atividade relacionada com "lavagem de dinheiro" não pode ficar afastada da esfera do controle penal, se se quiser proteger e preservar os bens e interesses relacionados à ordem econômica, cuja aspiração de todos é a de alcançar efetivo e real desenvolvimento, sem qualquer vício que a torne vulnerável ao ataque constante de especuladores descomprometidos com a soberania nacional.

O crime econômico, na expressão de Manoel Pedro Pimentel,[69] são aquelas condutas descritas e sancionadas penalmente na lei que tem como fim precípuo a manutenção segura e regular "da política econômica do Estado". Assim, uma lei que regula crimes e impõe sanções, cujo fim é preservar e assegurar a proteção à ordem econômico-financeira, ou, mais especificamente, garantir "essa política econômica do Estado, insere-se no contexto do Direito Penal Econômico". Nesta perspectiva, é que se deve entender a legislação que regula os crimes de "lavagem de dinheiro", isto é, situando-a no contexto de abrangência do Direito Penal Econômico.

---

[67] LEFORT, Victor Manuel Nando. *Op. cit.*, p. 9.
[68] CERVINI, Raúl; OLIVEIRA, William Terra de; GOMES, Luiz Flávio. *Op. cit.*, p. 104. ... nos resultados macroeconômicos dos países industriais em forma muito clara e de maneira apreciável, em distintos graus naqueles países em via de desenvolvimento.
[69] PIMENTEL, Manoel Pedro. *Op. cit.*, p. 25.

Capítulo III

Lavagem de dinheiro

3.1. A EXPRESSÃO "LAVAGEM DE DINHEIRO"

"Lavagem de dinheiro", esta expressão é a que passou a ser utilizada para designar o dinheiro ilícito com aparência de lícito, ou seja, o "dinheiro sujo" transformado em "dinheiro limpo", ou, ainda, o "dinheiro frio" convertido em "dinheiro quente", com a ocultação de sua verdadeira origem. Essa aparência de legitimidade dada ao dinheiro obtido por meios ilícitos tem denominações diferentes nas legislações penais de diversos países. Em função do resultado da ação, diz-se: *Blanchiment d'argent* (França e Bélgica); *Blanqueo de dinero* (Espanha); *Branqueamento de dinheiro* (Portugal). Quanto à natureza da ação praticada, diz-se: *Money laundering* (países de língua inglesa); *lavado de dinero* (Argentina); *Blanchissage d'argent* (Suíça); e *Riciclaggio* (Itália).[70]

Cervini[71] anota que a expressão "lavagem de dinheiro", ou "lavado de dinero", na linguagem espanhola, tem origem nos costumes das "máfias" norte-americanas que, na década dos anos 20, montavam ou adquiriam lavanderias com a finalidade de ocultar o ingresso de valores oriundos de suas atividades criminosas. Observa, de outro lado, Víctor Manuel Nando Lefort[72] que a lavagem de dinheiro não tem origem no narcotráfico; existe desde quando surgiram bancos internancionais e o crime organizado; no entanto, ressalta, foi com a globalização do mercado financeiro internacional, com o narcotráfico, com o desenvolvimento tecnológico que facilitou os meios de comunicação, gerando maior velocidade, principalmente na última década, que passou a ter maior incremento.

---

[70] BARROS, Marco Antonio de. *Lavagem de dinheiro*: implicações penais, processuais e administrativas, São Paulo: Oliveira Mendes, 1998, p. 5.

[71] CERVINI, Raúl; OLIVEIRA, William Terra de; GOMES, Luiz Flávio. *Op. cit.*, p. 29.

[72] LEFORT, Victor Manuel Nando. *Op. cit.*, p. 9.

No Brasil, oficialmente passou a ser usada a palavra "lavagem", com a Lei nº 9.613/98, ao dizer que *dispõe sobre os crimes de "lavagem" ou ocultação de bens, direitos e valores; a prevenção da utilização do sistema financeiro para os ilícitos previstos nesta Lei; cria o Conselho de Controle de Atividades Financeiras – COAF, e dá outras providências*. De certa forma, corresponde àquela mesma expressão usada nos países de língua inglesa: *money laudering*. As palavras "bens", "direitos" e "valores" querem significar o produto procedente de atividades criminosas. No Brasil, é o produto proveniente daqueles crimes enumerados nos incisos de I a VII do art. 1º dessa aludida Lei; mas se tem utilizado a expressão "lavagem de dinheiro" com um sentido mais abrangente, ou seja, para designar também aquelas atividades que se caracterizam como *ocultar*, ou *dissimular* "a natureza, origem, localização, disposição, movimentação ou propriedade de bens, direitos ou valores ...". São atividades relacionadas com a macrodelinqüência econômica.

Essa mesma expressão, ou seja, "lavagem de dinheiro", porém, não é recente entre nós; já era utilizada na linguagem comum, para designar o ato de dar aparência lícita ao dinheiro obtido por meio ilícito, ou moralmente ilegítimo, até mesmo num sentido mais amplo, como hoje tem. Mas esse problema foi alcançando relevância à medida que os mercados financeiros foram atingindo uma incontida globalização e, também, com o incremento do tráfico internacional de drogas.[73]

3.2. SÍNTESE DA EVOLUÇÃO HISTÓRICA DA "LAVAGEM DE DINHEIRO"

Dentre as produções legislativas de vários países visando ao combate à criminalidade referente à "lavagem de dinheiro", destaca-se a Itália por ser um dos países pioneiros a elaborar legislação nesse sentido. Em 1978, de forma bastante restrita, passou a punir condutas referentes à substituição de dinheiro, bens e outros valores, constituídos de crimes de receptação por outros bens. Passou a se configurar conduta típica, o obstáculo imposto à identificação da origem daqueles bens. No decorrer dos tempos, essa legislação foi aperfeiçoando-se, com a criação de novas figuras típicas, estendendo-se, também, a atividades de organizações criminosas, lesivas às finanças daquele país.[74]

---

[73] LEFORT, Victor Manuel Nando. *Op. cit.*, p. 5.

[74] CERVINI, Raúl; OLIVEIRA, William Terra de; GOMES, Luiz Flávio. *Op. cit.*, p. 194.

Em 1990, em cumprimento às disposições previstas na Convenção de Viena de 1988, a legislação italiana foi alterada para incluir, dentre os crimes antecedentes, também os crimes referentes a tráfico de entorpecentes, dos quais também provinham bens ou dinheiro que, por conseguinte, eram ilícitos, dando assim azo à ampliação da função protetiva do Direito Penal.[75]

Os fundamentos e princípios daquela mesma Convenção induziram outros países a criar ou alterar a legislação já existente; alguns, logo após terem subscrito esse documento. O Brasil, somente tempos depois, passou a se preocupar com esse tipo de criminalidade. Em 1998 é que veio a produzir a Lei nº 9.613/98, baseado em experiências daqueles que já haviam posto em prática essa nova forma de prevenir e reprimir a macrodelinqüência econômica, como, por exemplo, Alemanha, Bélgica, França, México, Portugal, Suíça, Peru e Venezuela. Desta forma, passou também a prestar a sua cooperação internacional no combate à criminalidade de "lavagem de dinheiro". Embora não primando por boa técnica essa produção legislativa brasileira, não se pode afirmar que não tenha havido vontade, pelo menos política, de prestar alguma espécie de colaboração de âmbito transnacional. Cabe destacar o registro que faz Marco Antonio de Barros[76] no sentido de que "... *a intentio legis* é a de dar efetiva aplicação ao clássico princípio da justiça penal universal que fixa seus parâmetros em conformidade com os tratados e convenções firmados como estratégia de uma política criminal transnacional". E o Brasil, como país signatário da Convenção de Viena, ao prestar sua parcela de colaboração nesse sentido, entendeu como honrado aquele compromisso internacionalmente assumido, pelo que deixou transparecer.

Mas essa produção legislativa, criminalizando condutas com a tipificação de fatos altamente danosos a bens e interesses jurídicos relevantes na ordem econômica, há muito já era esperada pela própria sociedade, tendo em vista a necessidade de adequação do Direito Penal às transformações que, velozmente, vêm sucedendo-se no cenário mundial, não somente nos países desenvolvidos, como também nos países subdesenvolvidos e naqueles em desenvolvimento, dentre os quais o Brasil.

O Direito, como instrumento que é da organização social, é composto por sistemas de normas reguladoras capazes de assegurá-la e de preservá-la em sua existência. Sua finalidade é a de proteger o cidadão, o indivíduo particularmente considerado, assegurando-

---

[75] CERVINI, Raúl; OLIVEIRA, William Terra de; GOMES, Luiz Flávio. *Op. cit.*, p. 195.
[76] BARROS, Marco Antonio de. *Op. cit.*, p. 2.

lhe a liberdade de agir, de relacionar-se, subordinando-a, porém, ao mesmo tempo, ao interesse social, ao interesse coletivo, traçando seus limites, demarcando as áreas respectivas, ou seja, as áreas de abrangência da liberdade e do interesse social.[77]

A criminalização de determinados comportamentos em função do avanço da ciência, com o conseqüente desenvolvimento de meios sofisticados que facilitam o cometimento de fatos socialmente lesivos, com o aumento constante de grupos organizados, agindo no âmbito nacional e internacional, exige pronta e eficaz ação do Estado, para estancar ou, ao menos, evitar a formação e a propagação desses grupos que integram a macrodelinqüência econômica, onde se insere também a delinqüência em função da "lavagem de dinheiro", ou seja, daquele delito derivado de outros crimes ditos antecedentes que, nada mais é do que tornar com aparência lícita, bens, direitos ou valores obtidos por certos meios ilícitos, como aquele proveniente de tráfico de entorpecentes, de corrupção no serviço público, de crimes financeiros e muitos outros. Mas em face da complexidade dos meios de atuação dessa categoria de delinqüência, nem sempre o Poder Público consegue se aparelhar para prevenir e reprimir de forma eficiente essa complexa maneira de atuação da macrodelinqüência econômica, principalmente quando se trata de país subdesenvolvido ou em vias de desenvolvimento.

Por vezes, ou quase sempre, não é tão-somente a carência de recursos financeiros que faz emergir o desequilíbrio entre a criminalidade e os meios e formas de preveni-la e reprimi-la. A falta de vontade política e muitos outros interesses contrários aos interesses sociais são fatores que exercem influência maléfica na elaboração da norma, como omissões, incoerências e deficiências, que dificultam o combate por meios adequados. Mas essa situação só passa a ser viável, evidentemente, a partir de produção legislativa que venha estabelecer a forma de minimizar essa interminável propagação da macrocriminalidade econômica, como, por exemplo, o combate mais efetivo, em primeiro lugar, dos chamados crimes antecedentes, causa geradora de muitos outros sofisticados delitos deles derivados, como o é o crime de "lavagem de dinheiro".

Mas os nossos legisladores nem sempre demonstram ter tanta preocupação com a proliferação da macrodelinqüência econômica, pelo que se tem notado. Não procuram, antes, evitar o agravamento do problema por intermédio de fórmulas jurídicas extrapenais, capazes de evitar que o mal se torne cada vez maior, que se torne cada

---

[77] GRAU, Eros Roberto. *Elementos de direito econômico*. São Paulo: Revista dos Tribunais, 1981, p. 1.

vez mais lesivo aos interesses sociais, ao mesmo tempo em que a macrodelinqüência econômica vai encontrando espaço muito mais facilitado para se instalar e se solidificar com suas ramificações transnacionais, chegando em alguns países a constituir verdadeiros governos paralelos de fato. Somente quando a situação atinge tal culminância é que entendem tentar solvê-la, mas aí somente pela via penal, com a criminalização e cominação de penas altamente gravosas, sem se aterem aos mais elementares critérios de seleção à produção da norma escrita. Como bem registra Tavares:

"analisando atentamente o processo de elaboração das normas, a partir primeiramente do dado histórico e depois do objetivo jurídico por elas perseguido, bem como o próprio enunciado típico das ações proibidas ou mandadas, chega-se à conclusão inicial, embora trágica, de que efetivamente, na maioria das vezes, não há critérios para essa elaboração. Isto pode parecer panfletário, à primeira vista, mas retrata fielmente a atividade da elaboração legislativa".[78]

Pelo que se tem observado, no entendimento de muitos, principalmente de grande parcela dos que atuam nos meios de comunicação, é suficiente a criminalização de certas condutas lesivas a bens jurídicos relevantes, desde que não violente o princípio da legalidade. Entendem, também, que a cominação de penas exageradas, profundamente exacerbadas, basta para a erradicação da violência, da criminalidade. O mais grave, porém, é que alguns legisladores, acolhendo essa linha de pensamento, têm produzido leis que são objeto de constantes críticas de juristas brasileiros, com postura mais liberal que as consideram fruto de uma *"política criminal do terror* que se instalou no país, na presente década, iniciada com as leis dos crimes hediondos", como bem lembra Cezar Roberto Bitencourt.[79] É ainda aquele modelo clássico de elaborar leis penais, arraigado na mente do legislador, que tem como princípio para explicar o incremento da delinqüência como resultado da "debilidade da ameaça penal; o rigor da pena se traduz, necessariamente, no correlativo descenso da criminalidade".[80]

A produção legislativa brasileira elevou à categoria de crime, determinados comportamentos anti-sociais que vinham causando danos irreparáveis à economia do país. Essas condutas, que passaram a ser conhecidas pelo *nomem juris* "lavagem de dinheiro", foram

---

[78] TAVARES, Juarez. *Op. cit.*, p. 114-5.

[79] BITENCOURT, Cezar Roberto. *Crime e Sociedade*. Curitiba: Juruá, 1998, p. 12.

[80] MOLINA, Antonio Garcia Pablos de; GOMES, Luiz Flávio. *Criminologia*. São Paulo: Revista dos Tribunais, 1997, p. 312.

consideradas qualificadas de forma negativa e, por ingressarem na categoria das condutas censuráveis, reprováveis, a elas foram impostas sanções penais graves, certamente numa tentativa de dar alcance mais abrangente à proteção de bens jurídicos que até então estavam expostos à ação de uma delinqüência mais especializada, que se pode denominar de macrodelinqüência econcômica, ou seja, aquela delinqüência que "envolve delitos econômicos, financeiros, tributários, ecológicos, fraudulentos etc".[81] Considerou como lesivas a bens jurídicos relevantes, condutas como a "ocultação ou dissimulação, origem, localização, disposição, movimentação ou propriedade de bens, direitos ou valores provenientes, direta ou indiretamente", de determinados crimes, ditos antecedentes, com penas exacerbadas.

Embora inspirado na experiência legislativa de outros países, o legislador brasileiro não primou pela boa técnica. Mas as críticas propaladas, se de um lado são procedentes, olhando-se numa outra perspectiva, pode-se concluir que há esperança de que esta inovação ocorrida no ordenamento jurídico-penal brasileiro, este *plus*, constitua-se, pelo menos, como um marco, como um ponto de partida para prosseguirem as inovações necessárias ao aperfeiçoamento da legislação. Basta que haja, evidentemente, vontade política e consciência de nossos legisladores.

3.3. BEM JURÍDICO TUTELADO

São muitas as formas de conduta para tornar aparentemente legítimos ou lícitos bens, direitos e valores obtidos por meios ilícitos, tornando-os absolutamente disponíveis, em algum país, principalmente nos chamados paraísos fiscais, cujo número é bastante significativo. Estima-se que existem em torno de quarenta e oito, localizados em várias partes do mundo, como Uruguai, Venezuela, Costa Rica, Panamá, Jamaica, Bahamas, Ilhas Cayman, Bermudas, Antilhas Holandesas, São Vicente, Barbados, Granada, Gibraltar, Madeira, Libéria, Holanda, Luxemburgo, Suíça, e muitos outros.[82] O volume de capital passa à inteira disponibilidade de pessoas ou de grupos de pessoas e, até mesmo, de organizações criminosas, sobrepondo-se ao Produto Interno Bruto (PIB) de muitos países subdesenvolvidos, em vias de desenvolvimento e, até mesmo, desenvolvidos,

---

[81] GOMES, Luiz Flávio. *Op. cit.*, p. 166.

[82] CERVINI, Raúl; OLIVEIRA, William Terra de; GOMES, Luiz Flávio. *Op. cit.*, p. 321.
GOYOS JÚNIOR, Durval de Noronha. *Paraísos fiscais*: planejamento tributário internacional. São Paulo: Observador Legal, 1988, p. 16-7.

com conseqüente dano grave à ordem econômica e financeira, inclusive colocando em situação de vulnerabilidade, a segurança econômica também de muitos países desenvolvidos.[83]

A "lavagem de dinheiro" é uma espécie delitiva que acarreta graves conseqüências à ordem econômico-financeira, colocando em risco o fluxo normal de dinheiro e bens de toda ordem, impossibilitando a limpa concorrência, criando verdadeiros grupos dominantes e monopólios, facilitando e tornando efetiva a corrupção de agentes e funcionários de alguns segmentos da Administração Pública; ou facilitando a formação de cartéis, possibilitando o surgimento de abuso do poder econômico. Assim, o bem jurídico que a lei protege é a própria ordem econômico-financeira do país, embora não se deva desconhecer que a "lavagem de dinheiro" afeta também múltiplos interesses individuais, simultaneamente. No entanto, como registra William Terra de Oliveira,[84] "... de maneira predominante, ainda que seja evidente a múltipla ofensividade dessas condutas, a norma está vocacionada a defender interesses globais ou metaindividuais relativos a uma normal ordem econômico-financeira". E é a Constituição Federal, como ocorre no Brasil que, por meio de princípios, dá o dimensionamento do conteúdo da ordem econômica, base garantidora não só da estabilidade democrática, mas também da soberania nacional, aspiração de todos os povos civilizados.

Casos há, porém, que a "lavagem de dinheiro" em função de sua inexpressiva danosidade ao sistema econômico-financeiro, por se tratar de capital proveniente de pequeno delito, como, por exemplo, de crime contra o patrimônio, de estelionato, e outros que causem lesão de ordem individual, apenas, não exigem, por conseguinte, proteção revestida de maior complexidade. Isto, entretanto, não quer significar que tais bens não mereçam o resguardo da lei penal. Nesta perspectiva, como assinala Damásio E. de Jesus, "a dogmática penal tradicional estava acostumada a tratar de interesses jurídicos tangíveis, como a vida, a incolumidade física, a liberdade pessoal, o patrimônio etc., notadamente relacionados a um indivíduo e cujas lesões são facilmente percepítveis".[85] Mais adiante, continua o mesmo autor:

> "Com o progresso da sociedade, entretanto, principalmente na economia, surgiram novos interesses jurídicos de difícil apreciação e determinação. Assim, as relações de consumo, hoje previs-

---

[83] BARROS, Marco Antonio de. *Op. cit.*, p. 3-4.

[84] CERVINI, Raúl; OLIVEIRA, William Terra de; GOMES, Luiz Flávio. *Op. cit.*, p. 322.

[85] JESUS, Damásio Evangelista de. Natureza jurídica dos crimes contra as relações de consumo. *Revista Brasileira de Ciências Criminais*, São Paulo: Revista dos Tribunais, ano.3, n. 11, jul./set. 1995, p. 129.

tas nas Constituições Federais da maioria dos países (art. 170, V, da CF brasileira), que traduzem o interesse estatal no normal funcionamento do sistema no que diz respeito à observância dos direitos dos consumidores e das obrigações dos fornecedores".

Pode conceber-se o Direito Penal Econômico dentro daquela idéia de subsidiariedade e, neste aspecto, ele somente deve ser considerado quando outra modalidade de sanção, ainda que na esfera do Direito Penal, se torne insuficiente, inadequada, em função da relevância do bem jurídico a ser tutelado. E a "lavagem de dinheiro", em face da complexidade dos meios empregados para implementá-la, por ser delito que requer, por vezes, conduta qualificada pela astúcia do agente, exige, por conseguinte, uma legislação também mais complexa, mais sofisticada, para combatê-la, não significando, entretanto, que essa legislação não possa integrar o Código Penal.

Mas, de qualquer sorte, o dano causado a bem jurídico, que se possa caracterizar como supraindividual, reflete-se no bem ou interesse de cada pessoa individualmente considerada. Obviamente que em não se podendo conceber o indivíduo fora do contexto social, porque sem ele a sociedade não existiria, por coerência não se poderá desconsiderar, por via de conseqüência, dano que sofre em virtude de lesão a bem jurídico relevante que afete todo o contexto social. Mas há que se afastar, por outro lado, a consideração em demasia ao interesse metaindividual, a fim de se "... evitar a perigosa tendência que tem quase todo Estado social de hipertrofiar o Direito Penal através de uma *administração* de seu conteúdo, o que se verifica quando se prima em excesso pela ordem coletiva", observa Luiz Regis Prado.[86] A seguir, continua Regis Prado:

"... Essa instância é conexa ao requisito de necessidade de proteção criminal do bem. Não bastando que um bem possua suficiente relevância social para vir a ser tutelado penalmente. É preciso que não sejam suficientes para sua adequada tutela outros meios de defesa menos lesivos".

E é assim que deve ser entendido o Direito Penal legalmente normatizado, porque somente como última *ratio* deverá tutelar bem jurídico, quer seja de ordem individual, ou quando este bem alcançar maior relevância em função dos altos valores que representa na ordem social,[87] como os bens jurídicos integrantes do sistema econômico-financeiro.

---

[86] PRADO, Luiz Regis. *Bem jurídico-penal e constituição*. 2. ed. São Paulo: RT, 1997, p. 92.

[87] BITENCOURT, Cezar Roberto. Princípios garantistas e a delinqüência do colarinho branco. *Revista Brasileira de Ciências Criminais*, São Paulo: Revista dos Tribunais, ano 3, n. 11, jul./set. 1995, p. 120.

É indiscutível que não se pode olvidar que o Direito Penal continua, atualmente, protegendo bens jurídicos individuais. No entanto, embora continue havendo proteção do indivíduo, considerando-se o contexto do ordenamento político contemporâneo, "... os direitos individuais passaram a ser valorados à luz dos interesses sociais. O social prepondera sobre o individual em sentido estrito", observa João Marcello de Araújo Júnior.[88]

Por outro lado, embora deva o Direito Penal proteger bens jurídicos que podem sofrer lesão em face de conduta denominada de "lavagem de dinheiro", nem sempre se pode considerar como conduta lesiva a bem jurídico metaindividual, se não afetar a ordem econômico-financeira, em virtude da insignificância do valor do bem. Assim, pode ocorrer que haja lesão a um bem jurídico de menor relevância, em função de uma conduta anti-social considerada quanto ao fato real de "lavagem de dinheiro", onde em sua base esteja outro bem que sofreu dano, e ter-se aí o crime antecedente, que a caracteriza como tal; mas pode não ingressar o delito de lavagem de dinheiro na esfera da ordem econômica. Cite-se, exemplificativamente, no Direito Penal brasileiro, o crime de furto e, posteriormente, o produto do crime de receptação, como crime derivado, que viria a se constituir em crime de "lavagem de capital", de "lavagem de bem", ou, ainda, de "lavagem de dinheiro"; mas a relevância do bem lesado pode não ir além da esfera do interesse individual, que também recebe a proteção estatal. Porém, o Código Penal, nessa hipótese, é a lei adequada à tutela do bem.

3.4. SUJEITO ATIVO DO CRIME DE "LAVAGEM DE DINHEIRO": PESSOA NATURAL E PESSOA JURÍDICA?

É pressuposto lógico, inquestionável, a existência de sujeito ativo do crime de "lavagem de dinheiro", assim como para qualquer outro crime; do contrário, impossível falar-se em figura típica concreta.

Em se tratando de ordem econômica, pode até não haver crime diante de um dano, mas se dano houver, não por força absolutamente estranha à participação humana, ainda que partindo de conduta invisível, mas prevista na lei penal como crime, não há como não se admitir a existência de um sujeito ativo.

---

[88] ARAÚJO JÚNIOR, João Marcello de. O crime organizado: a modernização da lei penal. *In*: PENTEADO, Jacques Camargo (Org.). *Justiça Penal*. São Paulo: Revista dos Tribunais, 1995, p. 222.

Questionamento em torno de sujeito ativo do crime vem ocorrendo ao longo dos tempos. Atualmente tem-se observado que a discussão vem sendo mais acirrada no meio jurídico, sobre possível alteração que possa vir a ocorrer na dogmática penal tradicional, que o tem concebido, por quase a unanimidade, somente quando se trata de pessoa natural, ficando afastada, por conseguinte, pessoa jurídica. A discussão, por óbvio, tem-se centrado especialmente na visão dogmática quanto à impossibilidade de uma pessoa jurídica por si só realizar uma ação capaz de resultar dano a bem jurídico, por não ser concebível venha ela a ter uma atuação dolosa ou culposa, o que, por conseguinte, vem refletir-se na pena a ser aplicada. O retribuicionismo, enquanto uma das teorias da pena, tem como ponto de partida a idéia de consciência capaz de distinguir valor e, sendo a pena um mal, não pode ser aplicada à pessoa jurídica. E, também, sob o enfoque das teorias relativas da pena, tanto no que diz respeito à prevenção geral, como especial, é indiscutível que possa persistir qualquer idéia da pessoa jurídica sobre o fim da pena. A prevenção geral intimidatória fica absolutamente sem sentido à medida que há impossibilidade de existir qualquer coação psicológica em se tratando de pessoa jurídica e, da mesma forma, inviabilizada resta qualquer condição racional de ela sopesar as conseqüências do delito. E com relação à prevenção especial, por óbvio também não se pode pensar em reeducar, ou em ressocializar uma pessoa jurídica em função de uma coação penal, manifestada numa pena. E este mesmo enfoque é válido, ainda para a prevenção especial, no que diz respeito aos fundamentos de periculosidade do agente, em vista da ausência de fatores de ordem sociológica, biológica e antropológica.[89]

Como ciência que é de valores o Direito Penal, há um sujeito concreto como referencial.

"O suspeito, o indiciado, o réu, o condenado ou o internado, como sujeito ativo na prática do crime, é sempre o homem inserido num universo de relações que lhe permitam a formação dos juízos de valor para orientar e definir a sua conduta".[90]

Assim, sob o ponto de vista do pensamento dogmático tradicional e, em especial considerando-se as teorias que justificam a pena, uma pessoa jurídica, sejam quais forem os fins pretendidos, ainda que com aparência de lícita, pratique atividade ilícita, não poderá estar sujeita a sanções penais.

---

[89] RAMÍREZ, Juan Bustos. *Op. cit.*, p. 8-9.

[90] DOTTI, René Ariel. Incapacidade criminal da pessoa jurídica. *Revista Brasileira de Ciências Criminais*, São Paulo: Revista dos Tribunais, ano 3, n. 11, jul./set. 1995, p. 187-9.

Mas não há como negar que a economia moderna, pautada em complexas atividades, muitas vezes transpondo as fronteiras nacionais, à medida que vai se agigantando em função das facilidades advindas do veloz avanço tecnológico, as pessoas naturais estão sendo substituídas por pessoas jurídicas, com reflexos em todos os segmentos sociais. O Direito, em conseqüência, tem de ser repensado para ser adequado à realidade moderna; sem, contudo, ingnorar-se "... as conquistas históricas consubstanciadas nas garantias fundamentais ...", como bem destaca Cezar Roberto Bitencourt,[91] porque o desprezo de qualquer um dos princípios conquistados e sedimentados ao longo da história, como os "da legalidade", "da intervenção mínima", "de culpabilidade", de "humanidade" e outros, significaria o rompimento da própria estrutura do Direito Penal, plasmada na moderna teoria garantista. Mas, como diz Ferrajoli,

"independentemente do nosso otimismo ou pessimismo, para a crise do Direito não há outra resposta senão o próprio Direito; e que não existem, para a razão jurídica, alternativas possíveis. Ela é a única via para responder à complexidade social e para salvar, com o futuro do Direito, também o futuro da democracia".[92]

É, sim, o Direito que vai responder ao próprio Direito, corrigindo as distorções que surgem, para a devida adequação às mudanças que vão ocorrendo em função do inevitável progresso tecnológico. Todavia, no Direito Penal, as dificuldades de adequação por vezes são mais problemáticas do que o próprio problema circunstancial que foi gerado, porque não se pode olvidar o princípio da personalidade da pena. Não pode a pena transcender a pessoa do criminoso – princípio já consagrado no devido processo legal ou, melhor dizendo, no processo constitucional – na Constituição brasileira (art. 5º, XLV). E em se tratando de Direito Econômico, as situações que surgem e que dependem do próprio Direito para serem solucionadas não mudam; os princípios fundamentais são os mesmos. Assim, uma pessoa jurídica não pode sofrer as conseqüências do Direito Penal, em virtude de fato praticado por quem a represente, sob pena de as conseqüências do delito atingirem também seus sócios. O castigo não pode recair "sobre los socios no responsables de la conducta delitiva",[93] isto é, o castigo não pode recair sobre os sócios não responsáveis pela conduta delitiva. Quem outorga poderes para ser representado está exercitando um direito seu, mas não quer isso significar que possa o representante agir também de forma ilícita.

---

[91] BITENCOURT, Cezar Roberto. *Op. cit.*, p. 127.
[92] FERRAJOLI, Luigi. *Op. cit.*, p. 109.
[93] CAFFARENA, Borja Mapelli; BASOCO, Juan Terradillos. *Op. cit.*, p. 48.

Esta por certo não é a vontade do outorgante. Se assim o fizer na esfera do Direito Penal, seus atos não poderão se estender aos demais integrantes da pessoa jurídica representada, e nem esta poderá ser penalmente responsabilizada, porque, se assim o fosse, a pena iria também atingi-los e, por via de conseqüência, estaria sendo violado o princípio da intranscendência ou da personalidade da pena.[94] Esta não pode passar da pessoa do condenado (art. 5º, XLV da Constituição Federal), quer seja na condição de autor, co-autor ou partícipe do delito.

Continua ainda atual o princípio: *societas delinquere non potest*.[95] Esse princípio não existe por acaso. Veda a penalização de pessoa jurídica, fundamentalmente porque é despida de consciência e, assim, não pode fazer qualquer juízo de valor, por ser este inerente ao ser humano. A pessoa jurídica é apenas um suporte para que a pessoa física, por vezes, venha dela se servir e atuar criminosamente. Por outro lado, punir-se penalmente a pessoa jurídica, ter-se-ia mais um estímulo à criminalidade. Como ressalta René Ariel Dotti: "em lugar do comando pessoal, isto é, individual e humanamente caracterizado, o *cappo* seria a empresa estatal ou privada; um novo tipo de autor e líder das condutas de seus diretores ou prepostos".[96]

A resposta não está no Direito Penal. Consigna Cezar Roberto Bitencourt que não o convence ser o Direito Penal fundamentado na culpabilidade,

"instrumento eficiente para combater a moderna criminalidade, inclusive a delinqüência econômica. A insistência de governantes em utilizar o Direito Penal como panacéia de todos os males não resolverá a insegurança de que é tomada a população, e o máximo que se conseguirá será destruir o Direito Penal se forem eliminados seus princípios fundamentais. Por isso, a sugestão de Hassemer, da criação de um Direito de intervenção, para o combate da criminalidade moderna, merece, no mínimo, uma profunda reflexão".[97]

Por sua vez, Juan Bustos Ramírez[98] entende "necessário" o desenvolvimento de uma teoria de "co-participação", porque a atuação da pessoa natural tem apoio na pessoa jurídica, o que vai possibilitar

---

[94] SANCTIS, Fausto Martins de. *Responsabilidade penal da pessoa jurídica*. São Paulo: Saraiva, 1999, p. 35.
ZAFFARONI, Eugenio Raúl; PIERANGELI, José Henrique. *Op. cit.*, p. 176.
[95] SANCTIS, Fausto Martins de. *Op. cit.*, p. 33.
[96] DOTTI, René Ariel. *Op. cit.*, p. 188.
[97] BITENCOURT, Cezar Roberto. *Manual de direito penal*. São Paulo: Revista dos Tribunais, 1997, p. 127.
[98] RAMÍREZ, Juan Bustos. *Op. cit.*, p. 11.

a inclusão da pessoa jurídica também, "dentro da ação delitiva", podendo-se aí aplicar-lhe "penas de acordo com a sua natureza". Mas Ramirez, por outro lado, alerta para essa nova situação, que "abre", em decorrência, "toda uma nova dimensão dogmática e de teoria da pena". Mas essa não é a solução, porque passa a existir uma espécie de responsabilidade solidária que contraria o princípio da culpabilidade no Direito Penal, com intromissão indevida de preceitos do ordenamento jurídico civil.

Na observação de Francisco Munõz Conde,[99] casos existem em que não há possibilidade de punir as pessoas físicas quando atuam na condição de representantes das pessoas jurídicas, tendo em vista que determinados delitos exigem alguma qualidade pessoal do agente, e exemplifica com "devedor" e "contribuinte", que "não se verificam nas pessoas físicas, mas sim nas pessoas jurídicas". Por fim, sugere que "o legislador pode optar em dupla via: ou sancionar expressamente nos tipos delitivos onde se verifiquem tais casos, as pessoas físicas que atuam em nome das pessoas jurídicas (gerentes, administradores etc); ou criar um preceito geral que permita esta sanção em todos os casos onde ocorram problemas desta ordem".

O legislador brasileiro tem procurado sancionar os dirigentes das pessoas jurídicas, quando se servem da empresa para a prática de fatos delituosos, como as ações delitivas previstas nas leis que definem crimes financeiros e fiscais e, também, na lei que define os crimes de "lavagem de dinheiro", e muitas outras, adotando aquela primeira via e, por conseguinte, pautando-se no âmbito da dogmática tradicional do Direito Penal fundamentado na culpabilidade. Com algumas exceções, entretanto, como a que consta do art. 3º da Lei nº 9.605, de 12.2.1998, que atribui responsabilidades administrativa, civil e penal, derivadas de condutas e atividades lesivas ao meio ambiente, com violação daquele clássico axioma: *societas delinquere non potest*. Houve, de certa forma, tentativa de rompimento ao ordenamento jurídico brasileiro, "... em especial do subsistema penal – e dos princípios constitucionais penais que o regem (v.g., princípios da personalidade das penas, da culpabilidade, da intervenção mínima) e que são reafirmados pela vigência daquele, fica extremamente difícil não admitir a inconstitucionalidade desse artigo, exemplo claro de responsabilidade penal objetiva", adverte Luiz Regis Prado.[100]

O legislador, nesse aspecto, não teve a preocupação de preservar o garantismo penal, conquistado ao longo dos tempos. Não se-

---

[99] CONDE, Francisco Muñoz. *Teoria geral do delito*. Porto Alegre: Fabris, 1988, p. 16.

[100] PRADO, Luiz Regis. *Curso de direito penal brasileiro*. São Paulo. Revista dos Tribunais, 1999, p. 148.

guiu o mesmo espírito que norteou a produção da Lei francesa nº 92-1336/92, embora nela se tenha inspirado. Essa lei francesa fez a devida adaptação da responsabilidade penal da pessoa jurídica, ao novo Código Penal, nos casos que especifica, com a alteração de textos legais ao estabelecer inclusive disposições de processo penal. Há no texto legal daquele país os casos taxativos em que a pessoa jurídica deva ser responsabilizada penalmente. Foi seguido, rigorosamente, o princípio da especialidade. A Lei brasileira nº 9.605/98 não explicitou a forma pela qual a pessoa jurídica deva ser responsabilizada penalmente. Não fez qualquer alteração substancial que viesse possibilitar a sua efetiva aplicação,[101] o que a torna inaplicável.

A própria Constituição brasileira conduz ao raciocínio de que não pode ser atribuída responsabilidade criminal à pessoa jurídica, ao dispor no art. 173, § 5º, que *a lei, sem prejuízo da responsabilidade individual dos dirigentes da pessoa jurídica, estabelecerá a responsabilidade desta, sujeitando-a às punições compatíveis com sua natureza, nos atos praticados contra a ordem econômica e financeira e contra a economia popular.*

Observa Cezar Roberto Bitencourt:

"Dessa previsão pode-se tirar as seguintes conclusões: 1º - a responsabilidade pessoal dos dirigentes não se confunde com a responsabilidade da pessoa jurídica; 2º - a Constituição não dotou a pessoa jurídica de responsabilidade penal. Ao contrário, condicionou a sua responsabilidade à aplicação de sanções compatíveis com a sua natureza".[102]

A doutrina tem-se pautado dentro desta linha da dogmática penal tradicional. Não tem admitido possa haver uma conduta delitiva desvinculada do homem, ou, por outro lado, conduta delitiva atribuída à pessoa jurídica. Registra René Ariel Doti[103] que "... A literatura internacional, pela pena de eminentes escritores, não reconhece às pessoas jurídicas a capacidade de ação ou omissão como elemento primário da infração penal" e, no mesmo sentido, é a doutrina brasileira em quase sua unanimidade. Dentre tantos autores que não reconhecem capacidade de ação nas pessoas jurídicas, cita na doutrina internacional: Bettiol, Welzel, Jescheck, Maurach, Antolisei e Zaffaroni e, dentre os nacionais, com essa mesma postura, refere-se a Francisco de Assis Toledo; Basileu Garcia; Manoel Pedro Pimentel, Miguel Reale Júnior, José Henrique Pierangeli, Juarez Ta-

---

[101] PRADO, Luiz Regis. *Op. cit.*, p. 148-9.
[102] BITENCOURT, Cezar Roberto. *Op. cit.*, p. 194.
[103] DOTTI, René Ariel. *Op. cit.*, p. 191-2.

vares, Antonio de Queiroz Filho, Luiz Luisi, Julio Fabbrini Mirabete, José Leal, Sheila Jorge Selim de Sales. Por outro lado, com pensamento contrário, cita João Marcello de Araújo Júnior.

Também é impensável o concurso entre pessoas física e jurídica, em função da vontade, da consciência, da racionalidade que são exclusivas do homem e, por conseguinte, somente ele e com exclusividade pode ser sujeito ativo do crime, quer como autor, como co-autor ou partícipe.

Para o crime de "lavagem de dinheiro", embora possa estar envolvida pessoa jurídica, ainda que com o fim exclusivo voltado à atividade criminosa, não torna diferente a estrutura do crime em sua essência. Continua o crime sendo entendido no seu conceito clássico, aperfeiçoado no curso do tempo, a partir de Von Liszt e de Ernesto Beling (fins do século passado e início deste século), como sendo *uma ação humana típica, antijurídica e culpável, a que se segue, em princípio, a punibilidade*.[104]

É a própria Constituição Federal, pois, que inviabiliza a criminalização da pessoa jurídica. Para isso, necessário se faz examinar o espírito de seus diversos artigos que tratam da responsabilidade da pessoa física ou natural, para se excluir a possibilidade de responsabilização penal da pessoa jurídica. O art. 5º da Constituição Federal, em seus incisos XLVI, XLVII, XLVIII, XLIX, L, LVII e LVIII, deixa transparecer que a individualização e o cumprimento da pena estão diretamente relacionados à pessoa física. Já o § 5º do art. 173, ao consignar que

"... a lei, sem prejuízo da responsabilidade individual dos dirigentes da pessoa jurídica estabelecerá a responsabilidade desta, sujeitando-se às punições compatíveis com sua natureza, nos atos praticados contra a ordem econômica e financeira e contra a economia popular",

está claramente revelando que as punições às pessoas jurídicas são de caráter administrativo, por "serem compatíveis com a sua natureza". Por outro lado, o § 3º do art. 225, ao dizer que "... As condutas e atividades consideradas lesivas ao meio ambiente sujeitarão os infratores, pessoas físicas ou jurídicas, às sanções penais e administrativas, independente da obrigação de reparar os danos causados", nada mais está dizendo do que "às pessoas físicas e às jurídicas respectivamente".[105]

---

[104] COELHO, Walter Marciligil. *Teoria geral do crime*, Porto Alegre: Fabris, 1991, p. 21.

[105] TORON, Alberto Zacharias. Aspectos penais da proteção ao consumidor. *Revista Brasileira de Ciências Criminais*, São Paulo: Revista dos Tribunais, ano 3, n. 11, jul./set. 1995. p. 80-90.

Assim, não é possível interpretar-se de forma diferente esses dispositivos constitucionais, o que leva a se concluir pela inviabilidade jurídica de se responsabilizar penalmente pessoa não natural, por somente esta ser capaz de ter vontade e consciência, atributos inerentes somente ao ser humano, e que a capacitam a agir ou a se omitir, desta ou daquela forma, com ou sem culpa; o que se revela inconcebível possa uma pessoa jurídica ser também sujeito ativo do delito.

3.5. SUJEITO PASSIVO DO CRIME DE "LAVAGEM DE DINHEIRO"

Se existe a figura do sujeito ativo do crime, por óbvio há que existir também o sujeito passivo. O Direito de um modo geral e, em especial o Direito Penal, regula atividades lícitas e ilícitas que, evidentemente, emanam de pessoa, com incidência na esfera de interesse de pessoa diversa. O crime só existe quando há uma conduta anti-social que se ajusta à descrição do tipo legal, daí por que o crime é *ação (ou omissão) típica, antijurídica e culpável*. E a ação, assim entendida, terá de causar dano a interesse de pessoa absolutamente diversa para que haja configuração de crime, porque jamais poderá emergir uma figura delituosa, quando a conduta do agente causa dano a um bem jurídico próprio. Por não ser possível haver desdobramento da personalidade humana é que, evidentemente, não poderá também existir crime em que a mesma pessoa exerça a ação e, ao mesmo tempo, venha a sofrer os seus efeitos negativos, sendo simultaneamente sujeitos ativo e passivo do crime. Seria o mesmo que se conceber alguém subtrair coisa móvel própria, para si ou para outrem e estar com esta conduta praticando crime de furto.[106]

Sujeito passivo do crime pode-se dizer que é o titular do bem juridicamente tutelado; e quando sobre este bem venham a incidir os efeitos negativos de uma ação delitiva, o seu titular, por via de conseqüência, é quem sofre os efeitos negativos constituídos por aquela lesão ou ameaça de lesão. Não há que se confundir sujeito passivo com o objeto material do crime, porque este é "a coisa ou pessoa sobre a qual recai a ação delituosa. Em alguns casos, porém, o objeto material e o sujeito passivo se confundem, como no homicídio".[107]

---

[106] BETTIOL, Giuseppe. *Direito penal*. São Paulo: Revista dos Tribunais, 1976, v. III, p. 44.

[107] FRAGOSO, Heleno Cláudio. *Lições de direito penal*: a nova parte geral. Rio de Janeiro: Forense, 1986, p. 285.

Não só a pessoa física é sujeito passivo do crime; a pessoa jurídica também pode ser. Uma empresa pode ser sujeito passivo de um crime contra o patrimônio, por exemplo. "Sob o aspecto formal, o Estado é sempre o sujeito passivo do crime, que poderíamos chamar de sujeito passivo mediato", observa Cezar Roberto Bitencourt.[108] Isto porque a harmonia e estabilidade sociais são também objetivos visados pelo Estado para atingir outro objetivo imprescindível, que é a realização do bem comum. Por isso o crime o afeta, colocando-o na condição de sujeito passivo de "todas as infrações penais", observa Walter Coelho. A seguir, diz o mesmo autor:

"Nada impede, no entanto, que o próprio Estado seja, por vezes, o próprio sujeito passivo direto, como, por exemplo, nos crimes contra a organização política, contra a administração pública, bem como naqueles crimes cometidos contra a pessoa que representa ou personifica o próprio Estado".[109]

Os crimes contra a saúde pública, contra a fé pública, por exemplo, ofendem bens e interesses que pertencem não à pessoa individualizada, apenas, mas a todos os cidadãos, o que vem a se constituir como sujeito passivo toda a sociedade, ou como consigna Heleno Cláudio Fragoso, "a coletividade ou o corpo social, e não o Estado como pessoa jurídica".[110]

O crime de "lavagem de dinheiro" caracteriza-se como crime econômico, porque lesa bens ou interesses abrangidos pela ordem econômica; o bem jurídico tutelado é, pois, o sistema econômico-financeiro. Sendo assim, o bem ou interesse jurídico tutelado, por sua vez, caracteriza-se como bem ou interesse supraindividual, ou metaindividual e, por conseguinte, o sujeito passivo também é supraindividual, ou metaindividual, ou seja, é o corpo social ou a coletividade. Não há, com isso, exclusão do interesse individual. Sempre que há interesse coletivo protegido, obviamente que há também interesse individual, porém em menor grau. Observa William Terra de Oliveira que "... ainda que seja evidente a múltipla ofensividade dessas condutas, a norma está vocacionada a defender interesses globais ou metaindividuais relativos a uma normal ordem econômico-financeira".[111] Assim, o sujeito passivo do crime de "lavagem de dinheiro" é a coletividade, é o sujeito passivo enquanto corpo social como um todo, é o sujeito passivo supraindividual ou metaindividual.

---

[108] BITENCOURT, Cezar Roberto. *Op. cit.*, p. 192.

[109] COELHO, Walter Marciligil. *Op. cit.*, p. 51.

[110] FRAGOSO, Heleno Cláudio. *Op. cit.*, p. 285.

[111] CERVINI, Raúl; OLIVEIRA, William Terra de; GOMES, Luiz Flávio. *Op. cit.*, p. 322.

3.6. OBJETO MATERIAL

Como sem o crime primário ou antecedente não pode se configurar o crime de "lavagem de dinheiro", o objeto material é o próprio dinheiro lavado, é o capital lavado, é o capital tornado com aparência de lícito. É, portanto, o produto, o patrimônio, advindo do crime antecedente que num dado momento servirá de objeto da ação punível. Assim, nos termos da legislação brasileira, mais precisamente nos termos da Lei nº 9.613/98, todo o patrimônio, seja qual for a sua espécie, que sirva de base para a ação punível, constitui-se objeto material.

Não há tipo legal sem que haja um bem jurídico tutelado, que o integre em sua estrutura. Registra Luiz Luisi que "... a existência, a estrutura, e os fins do tipo penal acham seu embasamento no bem jurídico tutelado".[112]

O objeto material vem indicado no tipo legal, quer direta ou indiretamente. A coisa móvel, por exemplo, no crime de furto, é o objeto material da ação. No crime de homicídio, é o mesmo sujeito passivo; ambos, objeto material e sujeito passivo, se confundem. Nos crimes formais, ou crimes de simples atividade, "pode não haver objeto material".[113] Os autores, na sua maioria, admitem crime sem objeto material, com o que não concorda Aníbal Bruno, refutando-os com os argumentos seguintes:

"não há crime sem resultado, e que este tem sempre um substrato sobre o qual se apóia. Do mesmo modo que o corpo do homem ferido é o objeto da ação que sofre a lesão corporal, a mente do injuriado é o objeto da ação que sofre a lesão moral que é o resultado da injúria".[114]

Concluindo, observa Aníbal Bruno, a inexistência de um objeto material sobre o qual venha a incidir a ação criminosa, "suscita a figura do crime impossível".

O objeto da ação nos crimes de "lavagem de dinheiro" tem conceito bastante amplo. Podem ser considerados todos os produtos advindos dos crimes antecedentes e, também, as transformações futuras que eventualmente venham a ocorrer pela ação de torná-los com aparência de lícitos.[115]

---

[112] LUISI, Luiz. *O tipo penal*: a teoria finalista e a nova legislação penal. Porto Alegre: Fabris, 1987, p. 50.
[113] FRAGOSO, Heleno Cláudio. *Op. cit.*, p. 280-1.
[114] BRUNO, Aníbal. *Op. cit.*, t. II, p. 212.
[115] CERVINI, Raúl; OLIVEIRA, William Terra de; GOMES, Luiz Flávio. *Op. cit.*, p. 325.

3.7. ELEMENTO SUBJETIVO

Não pode haver *culpa stricto sensu*, pelo que se infere das figuras delitivas previstas na legislação brasileira sobre a "lavagem de dinheiro". E é difícil de se crer que em outros países poderá também existir, porque não se pode conceber "lavagem de dinheiro" sem que haja na conduta do agente vontade direcionada a um resultado antijurídico. Não pode haver na conduta delitiva a "omissão de atenção, cautela ou diligência normalmente empregadas para prever ou evitar o resultado antijurídico".[116]

Assim, o elemento subjetivo dos crimes de "lavagem de dinheiro" é o dolo. Para Marco Antonio de Barros é tão-somente o dolo direto, porque "as várias condutas estão ligadas à intencionalidade de ocultar ou dissimular o patrimônio ilícito, ou então referem-se às condutas paralelas de colaboração que indicam a prévia ciência da origem ilícita dos bens, direitos ou valores",[117] segundo a lei brasileira.

Quanto ao *dolo eventual*, é difícil, se não impossível, de acontecer, porque, para que seja admitido, há que também admitir-se que o agente assuma o risco de produzir o resultado, mesmo não o querendo. E em crime de "lavagem de dinheiro", o resultado se verifica quando o agente quer e assume o risco de produzir o resultado. O resultado é esperado. Porém, há entendimento contrário, ou seja, entendimento no sentido de que é possível o dolo eventual. Assim pensa William Terra de Oliveira ao asseverar que pode ocorrer o dolo eventual desde que,

"o agente conheça o caráter ilícito de sua conduta e saiba que os bens possuem procedência ilícita; porém, é importante salientar: não se exige uma absoluta certeza sobre a comissão de um delito em concreto, bastando uma potencial consciência do ilícito".[118]

Exemplifica:

"um diretor de uma instituição financeira (que tem a obrigação legal de comunicar operações suspeitas ao Conselho de Controle de Atividades Financeiras – COAF) sabe que determinada operação se presta ao procedimento de lavagem de dinheiro, e mesmo assim não comunica tal fato às autoridades, ou ainda revela ao seu cliente que realizou dita comunicação, possibilitando um aperfeiçoamento da operação e um conseqüente benefício ao

---

[116] HUNGRIA, Nelson; FRAGOSO, Heleno Cláudio. *Comentários ao código penal*. 5. ed. Rio de Janeiro: Forense, 1978, v. I, t. II, p. 114.

[117] BARROS, Marco Antonio de. *Op. cit.*, p. 46.

[118] CERVINI, Raúl; OLIVEIRA, William Terra de; GOMES, Luiz Flávio. *Op. cit.*, p. 327-8.

operador. Tal comportamento se aproxima do dolo eventual e, portanto, sua conduta será típica".

Ainda sob a ótica de William Terra de Oliveira, alguns países punem "a imprudência ou negligência grave nos casos de lavagem de dinheiro. No Brasil, somente existem formas dolosas".

3.8. ALGUMAS CARACTERÍSTICAS DO CRIME DE "LAVAGEM DE DINHEIRO"

Dar a aparência de lícito ao produto advindo de crime, ou seja, advindo de "negócio ilícito", mediante verdadeiras transações comerciais e financeiras, de âmbito nacional e transnacional, é uma das caracterísitcas essenciais dos crimes de lavagem de dinheiro. É a conversão de dinheiro, de bens ou valores "sujos" em dinheiro, bens ou valores "limpos"; ou conversão de capital "sujo" em capital "limpo" ou, ainda, a conversão do capital "frio" em capital "quente"; enfim, todas elas são expressões que se equivalem e que têm um mesmo objetivo: amealhar grandes fortunas, grandes lucros, canalizando-os para o mercado financeiro, numa verdadeira concorrência desleal com o capital "limpo", aquele capital obtido pela força do trabalho lícito, para torná-las aparentemente lícitas e, assim, passar para o mercado comum financeiro. São os chamados "delitos de cuello blanco o respetables (isto é, delitos de colarinho branco ou respeitáveis), por serem cometidos por pessoas de *status* social alto".[119]

Na base dessa espécie de criminalidade econômica, quase sempre pela ação de grupos organizados, de grupos transnacionais, cujos crimes – os mais variados - ultrapassam os limites do espaço territorial, marítimo e aéreo.[120] O principal é o tráfico de entorpecentes e drogas afins. Foi a partir do combate a este tipo delitivo, que tanto dano causou e continua causando à humanidade, que as nações, começando pelas mais desenvolvidas, passaram a se preocupar também com outros delitos, cujos fins não eram tão menos danosos, porque o produto deles resultante passou a exercer nefasta influência no sistema econômico-financeiro. Assim que, por se tratar de capital descomprometido com os interesses sociais, com o bem comum, depois da conversão de ilícito à aparência lícita, com as facilidades proporcionadas pela globalização da economia, passou a trazer desequilíbrio à ordem econômica nacional e internacional.

---

[119] LEFORT, Víctor Manuel Nando. *Op. cit.*, p. 12.

[120] BARROS, Marco Antonio de. *Op. cit.*, p. 8.

Há uma rede bancária internacional e também um mercado de capital especializados em "lavagem de dinheiro", com processo operacional revestido de sofisticada complexidade, mas bastante seguro, com o firme propósito de facilitar o fluxo do dinheiro, ao mesmo tempo em que acarreta dificuldades para o esclarecimento dessas operações, quando há esse propósito pela Administração Pública, por seus órgãos próprios.

Atualmente, não são poucos os países que dispõem de uma rede bancária transnacional, com a globalização de suas operações financeiras, com fluxo de grande capital de procedência ilícita, sem oferecer qualquer risco, uma vez que não há a possibilidade de controle de tantas operações globalizadas.[121] Com o intercâmbio comercial crescendo a cada dia, aceleradamente e com as facilidades de transferências pelas vias eletrônicas e por muitos outros meios sofisticados, torna-se difícil o controle por quem de direito, inclusive pelo fisco. São grandes as evasões de divisas provenientes das mais diversas atividades ilícitas, em função do próprio crescimento da economia e do intercâmbio comercial.

Assim, esse crime só pode derivar de outro crime que já ocorreu. E, em sua perspectiva histórica, trata-se de crime, cujo bem jurídico violado está sob a tutela do Direito Penal Econômico. Trata-se de bem jurídico supraindividual ou metaindividual.

Klaus TIedemann[122] atribui essa característica de supraindividual ao bem jurídico econômico, porque o bem jurídico afetado pela conduta delitiva de "lavagem de dinheiro" é a própria ordem econômica. E ao fazer a distinção entre bens individuais e supraindividuais, anota Tiedemann que, em havendo colisão entre ambos, o segundo tem supremacia sobre o primeiro, supremacia que se justifica porque, em quase todos os países do mundo, a ordem econômica, que dá sustentação ao Direito Econômico, tem como fonte a Constituição. Por outro lado, o interesse do corpo social se reveste de maior relevância com relação ao indivíduo, cujo interesse é bem menor.

O crime de "lavagem de dinheiro" está bem caracterizado na alínea *b*, I, do art. 1º da Convenção das Nações Unidas Contra o Tráfico de Estupefacientes e Substâncias Psicotrópicas de 1988, aprovada pela conferência em sua sexta sessão plenária celebrada em 19 de dezembro de 1988. Esse crime, porém, nos termos em que foi posto nesse documento, apresenta-se de forma bastante restrita, por

---

[121] CERVINI, Raúl; OLIVEIRA, William Terra de; GOMES, Luiz Flávio. *Op. cit.*, p. 43.

[122] TIEDEMANN, Klaus. *Lecciones de derecho penal económico*. Barcelona: PPU, 1993, p. 35.

estabelecer como crime originário, ou crime antecedente, o tráfico de estupefacientes e substâncias psicotrópicas, apenas, conforme segue:

"... La conversión o la transferencia de bienes, a sabiendas de que tales bienes proceden de alguno o algunos de los delitos deipificados de conformidad con el inciso a) del presente párrafo, o de un acto de participación en tal delito o delitos, con objeto de ocultar o encubrir el origen ilícito de los bienes o de ayuda a cualquier persona que participe en la comisión de tal delito o delitos a eludir las consecuencias jurídicas de sus acciones".[123]

Essa disposição deixa claro que tais bens são provenientes dos crimes antecedentes a que alude a alínea *a* do mesmo artigo, mas são crimes referentes a produção, fabricação, extração, preparação, oferta para a venda, distribuição, venda, entrega em quaisquer condições, corretagem, envio em trânsito, o transporte, a importação ou a exportação de qualquer estupefaciente ou substância psicotrópica, conforme o disposto na Convenção de 1961, na forma da emenda advinda do Convênio de 1971.[124]

Essa é uma forma de também travar combate contra o tráfico de entorpecente, de maneira indireta, porque o fim primeiro do tráfico é o de obtenção de lucro, obviamente. No entanto, dificilmente se conseguirá resultados positivos nesse sentido, porque o mal tem de ser combatido em sua causa, em sua origem, e não pelas conseqüências. No entanto, pode contribuir para amenizar a propagação cada vez mais acentuada dessa espécie de criminalidade.

Mas há que se considerar também que a "lavagem de dinheiro" constitui-se numa grande atividade de grupos criminosos organizados, que atuam com mais facilidade em função da globalização da economia, liberdade de comércio, facilidade dos meios de comunicação.[125] Assim, a atividade de grupos organizados é outra característica que se pode adicionar àquelas já analisadas, quando se constitui a figura delitiva de "lavagem de dinheiro".

Há, também, outra face que apresenta a "lavagem de dinheiro" em seus aspectos socialmente negativos, com efeitos graves e danosos à sociedade, que é a de servir de meio para a macrodelinqüência

---

[123] Texto extraído do anexo constante da obra: Lei de Lavagem de Capitais; CERVINI, Raúl; OLIVEIRA, William Terra de; GOMES, Luiz Flávio. *Op. cit.*, p. 263. Traduzindo para o Português, o texto quer dizer: A conversão ou a transferência de bens, sabendo-se de que tais bens procedem de algum ou alguns dos delitos tipificados de conformidade com o inciso a) do presente parágrafo, ou de um ato de participação no delito ou delitos, com o objetivo de ocultar ou encobrir a origem ilícita dos bens ou de ajudar a qualquer pessoa que participe na comissão de tal delito ou delitos a iludir as conseqüências jurídicas de suas ações.

[124] CERVINI, Raúl; OLIVEIRA, William Terra de; GOMES, Luiz Flávio. *Op. cit.*, p. 262.

[125] LEFORT,Victor Manuel Nando. *Op. cit.*, p. 9.

obstaculizar a ação preventiva e repressiva do tráfico ílicito de entorpecentes e de muitos outros crimes, como a corrupção e o contrabando de armas, à medida que o dinheiro ou bens são mascarados de legítimos, de forma a facilitar o livre fluxo no mercado financeiro, comprometendo, assim, a ordem econômica do país, em sua base de sustentação, quando não a deteriora por completo.

As características do crime de "lavagem de dinheiro" podem, por outro lado, ser passíveis de ampliação, dependendo da legislação de cada país no processso de criminalização. Na legislação brasileira (Lei nº 9.613/98), no geral existem as mesmas características apresentadas nas legislações de outros países porque é, também, o tornar "limpo" o dinheiro, ou capital "sujo", ou dar a aparência de lícito ao dinheiro, ou ao capital, obtido ilicitamente. No entanto, na base, na origem, se denotam grandes diferenças, em face, também, de certas características apresentadas pelos crimes antecedentes que, além daqueles que estão relacionados com o tráfico ilícito de entorpecentes ou drogas afins, outros foram também considerados, como: terrorismo; contrabando ou tráfico de armas, munições ou material destinado a sua produção; extorsão mediante seqüestro; crimes contra a Administração Pública, inclusive a exigência, para si ou para outrem, direta ou indiretamente, de qualquer vantagem, como condição ou preço para a prática ou omissão de atos administrativos; crimes contra o sistema financeiro nacional; crimes praticados por organização criminosa (Lei nº 9.613/98, art.1º, I, II, III, IV, V, VI, VII). Assim, dependendo de cada caso concreto, isto é, da maneira como o dinheiro é lavado, outras características poderão surgir. Há, ainda, integrando esse elenco de crimes, com outras característcas particulares, o fato de alguém, "para ocultar ou dissimular a utilização de bens, direitos ou valores provenientes de qualquer dos crimes" já mencionados, "os converte em ativos lícitos"; "os adquire, recebe, troca, negocia, dá ou recebe em garantia, guarda, tem em depósito, movimento ou transfere"; "importa ou exporta bens com valores não *correspondentes aos verdadeiros*"; "utiliza, na atividade econômica ou financeira, bens, direitos ou valores que sabe serem provenientes de qualquer dos crimes antecedentes referidos neste artigo"; "participa de grupo, associação ou escritório tendo conhecimento de que sua atividade principal ou secundária é dirigida à prática de crimes previstos nesta lei". Nesta última hipótese, a mera "participação" e "conhecimento da prática de atividade criminosa, é fator determinante para se configurar a conduta punível do agente",[126] vindo, assim, a imprimir outra característica do crime.

---

[126] BARROS, Marco Antonio de. *Op. cit.*, p. 43.

Trata-se de crime que se diferencia dos demais também porque, quase sempre, a atividade delituosa se expande além fronteiras, dificilmente se situa num só país.

Qualquer pessoa física, desde que imputável, poderá cometer o crime de "lavagem de dinheiro". Não há necessidade de que exista alguma qualidade relacionada com o autor da conduta típica, assim como também não há exigência legal no sentido de que o infrator seja a mesma pessoa que cometera o crime antecedente. Pode até coincidir que seja o mesmo sujeito, porém, não necessariamente, pondendo ser pessoa absolutamente distinta.

Capítulo IV

Crimes antecedentes

4.1. PRESSUPOSTO LÓGICO DO CRIME DE "LAVAGEM DE DINHEIRO"

O crime de "lavagem de dinheiro" tem em sua base a existência de outro crime autônomo. Não poderá subsistir sem que objetivamente se tenha realizado outro crime anterior, outra figura delitiva. E não faria sentido pensar-se diferente, porque se a "lavagem de dinheiro" caracteriza-se pela ilicitude do produto, é evidente que terá de advir de uma ação ilícita, de uma conduta descrita na lei penal como criminosa. Se se tratasse de bens, direitos e valores advindos de atividade lícita, obviamente que o dinheiro seria limpo por sua própria natureza e, por conseguinte, faltaria objeto de sustentação para um novo enfoque do Direito Penal, como o que foi dado por vários países do mundo, dentre os quais o Brasil mais recentemente.

Esse alcance que passou a ter o Direito Penal, criminalizando novas condutas anti-sociais que vinham afetando de forma grave e insustentável o contexto socioeconômico, trazendo desequilíbrio ao sistema econômico-financeiro de muitos países, com o alargamento desses efeitos perniciosos cada vez mais intensos, surgiu em função da necessidade de prevenção e repressão do crime organizado, que passou a ser o grande responsável pelo fluxo transnacional de produto - especialmente do narcotráfico. Mas esse novo enfoque que se passou a dar a essas condutas de crime organizado, nessa modalidade, ou seja, no combate também à "lavagem de dinheiro", foi com o propósito evidente de se ter mais uma arma para aplacar a criminalidade na sua origem, especialmente o tráfico de entorpecentes e drogas afins. As atenções passaram a se concentrar mais sobre o controle de bens, direitos e valores mantido pelos traficantes, tendo em vista a ineficiência cada vez mais notável das estratégias tradicionais da polícia para o combate a essa espécie de criminalidade.[127]

---

[127] ADRIASOLA, Gabriel. *El nuevo derecho sobre tóxicos e o lavado de dinero de la droga*. Montevideo: F.C.U., 1994, p. 11.

O controle penal do tráfico de entorpecentes e drogas afins que existiu ao longo do tempo, na forma tradicional, já demonstrou, há muito, a sua ineficácia, principalmente quando se trata de repressão ao crime organizado, daqueles grupos que atuam universalmente, favorecidos hoje pela globalização da economia e os sofisticados meios de comunicação que oportunizam o aumento considerável de uma macrocriminalidade complexa. Daí, porque a necessidade de se ter meios mais eficazes. Para isso, entretanto, mister se faz conceber o Direito Penal noutra perspectiva, integrando-o a outras ciências capazes de lhe dar maior consistência e, assim, torná-lo interdisciplinar, com mais flexibilidade e mais eficiência. Assim, para que seja alcançada eficácia no combate à criminalidade organizada, cujo fim é sempre a obtenção de grande lucro, é que surgiu a necessidade de se buscar no Direito Penal Econômico os meios adequados, porque se trata de um direito interdisciplinar de indiscutível atualidade, sem se divorciar daqueles princípios garantistas que fundamentam o Direito Penal tradicional, embora na concepção de juristas e da ciência tenha um papel subordinado.[128]

Mas a concepção inicial de repressão de crimes antecedentes por intermédio da repressão de crimes "acessórios, secundários ou derivados",[129] ou seja, por intermédio dos chamados crimes de tipos *diferidos* ou *remetidos*,[130] em caráter transnacional e uniforme, teve como marco a Convenção das Nações Unidas Contra o Tráfico Ilícito de Estupefacientes ou Substâncias Psicotrópicas, em Viena, em 1988. Esta Convenção recomendou a punição nas legislações internas dos países signatários, das condutas relacionadas com a conversão ou transferência de bens resultantes de crimes de tráfico de entorpecentes e drogas afins, com o objetivo de ocultar ou encobrir a sua origem ilícita, ou de ajudar a qualquer pessoa a dissimular as conseqüências jurídicas de suas ações; e a ocultação ou o acobertamento da natureza, origem, localização, destino, movimento ou a propriedade real de bens, ou de direitos relativos a tais bens, sabendo que procedem de um delito de tráfico.[131] E esta mesma Convenção deixa nitidamente transparecer que o crime antecedente, a ser reprimido através do crime derivado, é o tráfico ilícito de entorpecentes e drogas afins, porque torna-se mais difícil, até mesmo por vezes impossível, ocultar o dinheiro propriamente dito, proveniente da venda da droga,

---

[128] TIEDEMANN, Klaus. *Op. cit.*, p. 27.
[129] BARROS, Marco Antonio de. *Op. cit.*, p. 32.
[130] CERVINI, Raúl; OLIVEIRA, William Terra de; GOMES, Luiz Flávio. *Op. cit.*, p. 326.
[131] ADRIASOLA, Gabriel. *Secreto bancario y lavado de dinero*. Montevideo: Ediciones del Foro, 1997, p. 13.

do que ocultá-la. Daí por que a necessidade de converter o dinheiro "sujo" em dinheiro "limpo" antes de despertar qualquer suspeita em função de aparente enriquecimento "injustificado".[132]

Em alguns países, porém, antes da Convenção de Viena de 1988, já existia a figura delitiva de "lavagem de dinheiro", como na Itália, um dos países pioneiros a tipificar o crime de "lavagem de dinheiro", com a Lei nº 191, de 18.5.1978, que introduziu o art. 648, em seu Código Penal, punindo a "lavagem de dinheiro", ou seja, a conversão de dinheiro, bens e outros valores provenientes de receptação, em outros bens. Caracterizava-se como uma modalidade de conduta típica, a obstaculização à identificação da origem desses bens. Mas somente se puniam, naquela época, os comportamentos tipificados, quando os bens procedessem de determinados delitos como o roubo qualificado, a extorsão também qualificada e de seqüestro de pessoas. Posteriormente, com a Lei nº 55, de 19.3.1990, aquele mesmo país aceita e cumpre a proposta estabelecida na Convenção de Viena, de 1988, incluindo, também, na relação dos crimes antecedentes, ou seja, na relação dos crimes que podem ensejar a "lavagem de dinheiro", também o tráfico de estupefacientes e de substâncias psicotrópicas, anota Raúl Cervini.[133]

A lei suíça de 1985 definia a "lavagem de dinheiro" como a prática de um fato capaz de frustrar a procedência ou de obter valores de ordem patrimonial sabendo ou presumindo que provém de algum crime. A Austrália, já em 1987, também definia o crime de "lavagem de dinheiro" como sendo a conduta referente à participação direta ou indireta nas transações que envolvem dinheiro ou quaisquer outros bens provenientes de um delito. Enquanto a lei inglesa definia-o como combinar ou participar de qualquer modo, ajudando no controle ou na retenção de ganhos provenientes de tráfico de drogas.[134]

Assim, como se denota, a Suíça e a Austrália, antes da Convenção de Viena, já tinham uma legislação que regulava como antecedente do crime de "lavagem de dinheiro", qualquer conduta delitiva, sem distinção.

A Convenção de Viena, consigna William Terra de Oliveira, inclui nos crimes de "lavagem de dinheiro" uma variedade de condutas, como "os ativos de qualquer tipo, corporais ou não, móveis ou imóveis, bens tangíveis ou intangíveis, e os documentos ou instrumentos legais que atribuam a propriedade ou outro direito rele-

---

[132] ADRIASOLA, Gabriel. *Op. cit.*, p. 13-4.
[133] CERVINI, Raúl; OLIVEIRA, William Terra de; GOMES, Luiz Flávio. *Op. cit.*, p. 194-5.
[134] ADRIASOLA, Gabriel. *Op. cit.*, p. 13.

vante sobre ditos ativos".[135] Observa ainda William Terra de Oliveira, com muita pertinência, que, além do produto proveniente diretamente dos crimes antecedentes, há também as posteriores transformações que aquele mesmo produto venha a sofrer com o processo de "lavagem".

A lei de cada país é que define quais os crimes antecedentes que vão ser relevantes para lastrear o crime derivado, em que pese a proposição da Convenção de Viena de 1988, como sendo o crime antecedente aquele tipificado como tráfico de estupefaciente e substâncias psicotrópicas, assim como também posteriormente o fez a Comissão Interamericana Para o Controle de Abuso de Drogas, em sessão celebrada no vigésimo segundo período, de 10 a 13 de março de 1992, oportunidade em que considerou e adaptou o Regulamento Modelo sobre delitos de "lavagem de dinheiro", relacionados com o tráfico ilícito de drogas, em Punta Del Este, no Uruguai; depois, considerada e aprovada pela Assembléia Geral da Organização em seu vigésimo segundo período ordinário de sessões, celebrado nas Bahamas, no período de 18 a 23 de maio de 1992, e também aprovada em 23 de maio de 1992, uma Resolução adotando aquele mesmo Regulamento Modelo, além de formalizar solicitação ao Conselho Permanente que transmitisse aos governos dos Estados-Membros as recomendações acerca daquele Regulamento Modelo.[136]

Embora não se trate de regra impositiva aquela constante da Convenção de Viena sobre a adoção de crime relacionado com tráfico ilícito de estupefacientes e substâncias psicotrópicas, como crime primitivo ou antecedente para dar o devido embasamento ao crime de "lavagem de dinheiro", quase todos os países com legislação a respeito de "lavagem de dinheiro", inclusive o Brasil, o consideraram como crime prioritário para esse fim. E esse entendimento está plenamente justificado à medida que se constata ser o tráfico ilícito de entorpecentes e drogas afins o principal causador de dano, não só à economia nacional como também à saúde pública.

Marco Antonio de Barros,[137] com apoio no Editorial do jornal O Estado de São Paulo, de 09 de junho de 1998, p. A3, anota que, de conformidade com estudos da ONU, o tráfico de drogas, com aproximadamente 180 milhões de consumidores no mundo, movimenta em torno de US$ 400 bilhões anuais, dos quais a metade é lavada por grupos organizados. Essa cifra representa o dobro do faturamento da indústria química mundial, "ou o equivalente ao comércio mun-

---

[135] CERVINI, Raúl; OLIVEIRA, William Terra de; GOMES, Luiz Flávio. *Op. cit.*, p. 325.
[136] Idem., p. 267 e 271.
[137] BARROS, Marco Antonio de. *Op. cit.*, p. 12.

dial de produtos químicos, ou, também, o equivalente ao comércio mundial de petróleo e gás e um pouco mais do que as receitas do turismo". Logo a seguir, continua Marco Antonio de Barros, o dinheiro que circulou no Brasil em 1997, proveniente do narcotráfico, foi estimado pela Fundação Getúlio Vargas em US$ 8 bilhões. "E não há como deixar de reconhecer que volume tão absurdo de dinheiro afeta a regularidade do sistema financeiro."

Observa Raúl Cervini,[138] baseado em estudos feitos pelo FBI, no 2º semestre de 1994, para a Secretaria de Justiça dos Estados Unidos, que somente naquele país o capital proveniente dos estupefacientes, de um modo geral, representava anualmente a cifra de US$ 240 bilhões. Naquela época era superior a 35 vezes a dívida externa do Uruguai e, também, superior ao dobro da dívida externa brasileira, segundo os cálculos mais conservadores. E, também, baseado em estudos levados a efeito pelo Governo Colombiano, assevera o mesmo autor que os cartéis da droga naquele país recebiam anualmente mais de US$ 7 bilhões. Todo esse volume de dinheiro é "lavado" de forma bastante complexa, uma vez que é mesclado com dinheiro obtido de atividade legal. Todo esse enorme fluxo de dinheiro, quase sempre sob o domínio da criminalidade organizada, é fator que tem gerado valores artificiais de certos bens, e força suficiente para desestabilizar alguns setores importantes do mercado internacional e a economia dos países que são afetados pelos investimentos feitos com esse capital ilícito.[139]

4.2. ENUMERAÇÃO TAXATIVA

A Lei nº 9.613/98 enumera, em seu art. 1º, os fatos delituosos que dão origem ao produto que vai servir de objeto para o crime de "lavagem de dinheiro": I – "tráfico ilícito de substâncias entorpecentes ou drogas afins"; II – "terrorismo"; III – "contrabando ou tráfico de armas, munições ou material destinado a sua produção"; IV - "extorsão mediante seqüestro"; V – "contra a Administração Pública, inclusive a exigência, para si ou para outrem, direta ou indiretamente, de qualquer vantagem, como condição ou preço para a prática ou omissão de atos administrativos"; VI – "contra o sistema financeiro nacional"; VII – "praticado por organização criminosa".

---

[138] CERVINI, Raúl. Macrocriminalidad económica: apuntes para una aproximación metodológica. *Revista Brasileira de Ciências Criminais*, São Paulo: Revista dos Tribunais, ano 3, n. 11, jul./set. 1995, p.60-1.

[139] ADRIASOLA, Gabriel. *Op. cit.*, p. 21.

Assim, se o produto de outro crime for objeto da conduta de "lavagem de dinheiro", a ação não será punível, porque o crime antecedente é que vai determinar se a conduta do agente é ou não proibida pela lei penal especial. Fosse diferente, estaria sendo violado o princípio da legalidade ou da reserva legal, porque, sendo taxativa a lei, como é, exclui outros delitos como crime antecedente que nela não estejam definidos.

4.3. OUTROS CRIMES E CONTRAVENÇÕES NÃO ENUMERADOS NA LEI

Outros crimes, e até mesmo contravenção, poderiam ter sido incluídos no elenco da Lei nº 9.613/98, como primários ou antecedentes, para dar sustentação ao crime de "lavagem de dinheiro", por ensejarem a possibilidade de grave dano ao sistema econômico-financeiro nacional, como os crimes de sonegação fiscal previstos na Lei nº 8.137, de 27.12.1990, sem também se excluir a contravenção por "jogo do bicho", por exemplo, tipificado no art. 58 do Decreto-Lei nº 3.688, de 3.10.1941, que movimenta elevadas somas de dinheiro ilícito, conjuntamente com o dinheiro proveniente do tráfico de entorpecentes e drogas afins. Em 1993, foi constatado que, somente no Estado de São Paulo, o movimento diário era de US$ 500 mil dólares provenientes de contravenção.[140]

Os crimes de sonegação fiscal têm amealhado enormes fortunas e são os responsáveis por grande parcela de evasão de divisas do país, em grande escala, para os paraísos fiscais, onde são lavados e, posteriormente retornam e são aplicadas em fundos de renda fixa de estrangeiro, sem pagamento de tributo. São talvez os crimes que mais afetam negativamente a economia nacional, por sua própria natureza, tendo em vista que se constituem pelas mais diversas formas de sonegação fiscal, com a conseqüente diminuição considerável da receita pública, debilitando o mercado econômico-financeiro, com sérios prejuízos à sociedade, porque se trata de capital obtido por meio ilícito, advindo do contribuinte, sem qualquer retorno em forma de benefício que poderia ser prestado pelo Estado. No entanto, curiosamente, os crimes fiscais não foram listados como crime antecedente.[141]

---

[140] EDITORIAL. *O Estado de São Paulo*, São Paulo, 25 de maio de 1993, p. 3.

[141] SADI, Jairo. A nova lei de lavagem de dinheiro e sua constitucionalidade. *Cadernos de Direito Tributário*, São Paulo: Revista dos Tribunais, ano 6, n. 23, abr./jun. 1998, p. 27.

Grande volume de dinheiro obtido criminosamente, através de comportamentos astuciosos sob a margem da lei, sem que haja qualquer responsabilização dos infratores, dos grandes fraudadores, é remetida para outros países – paraísos fiscais – e, posteriomente, retorna como se fosse capital estrangeiro para aplicação no país. Estima-se que US$ 17 bilhões dos US$ 40 bilhões aplicados em fundos de capital estrangeiro de renda fixa no Brasil são de brasileiros. E o mais grave é que nem sequer pagam impostos, porque capital estrangeiro é beneficiado pela isenção do Imposto de Renda. Forma fácil de "lavar dinheiro", porque tem a conivência direta ou indiretamente do Poder Público que nada fez ainda para coibir essa macrodelinqüência; ao contrário, tem permitido expressamente essas verdadeiras falcatruas por intermédio das contas denominadas de CC-5, sem a devida fiscalização. Através delas é canalizado o dinheiro de "caixa dois" de empresas, para fora do país, retornando, posteriormente, como capital estrangeiro para aplicação naqueles aludidos fundos isentos de impostos.[142]

As contas CC-5 passaram assim a ser denominadas porque criadas pela Carta-Circular nº 5, de 1969, expedida pelo Banco Central, permitindo a remessa de dinheiro do Brasil para o estrangeiro e vice-versa. Quando o dinheiro retorna, já "lavado", é aplicado nos fundos como se fosse dinheiro estrangeiro, pertencente a estrangeiro; porém, trata-se de dinheiro brasileiro "lavado", pertencente a brasileiro. O que há é apenas simulação sem que haja qualquer controle nesse sentido para coibir essa repugnante criminalidade que muito tem contribuído para debilitar e desequilibrar a economia do país.

Consigna Ela Viecko V. de Castilho que,

"... As CC-5 passaram a abrigar tanto as transações legais de não-residentes no país como operações de lavagem de dinheiro do tráfico internacional de drogas, contrabando, corrupção, sonegação fiscal, 'caixa dois' e operações ilegais de exportação e importação".[143]

Com toda essa evasão de divisas do país à margem da lei, em virtude do retorno posterior do dinheiro com aparência de legal, dinheiro "lavado", mesmo assim o legislador não foi sensível aos interesses sociais quotidianamente violados. Produziu a chamada lei de "lavagem de dinheiro", sem, contudo, criminalizar essa espécie de comportamento indigno, anticidadão, repudiável sob todos os

---

[142] DEPOIMENTO prestado pelo Secretário da Receita Federal na CPI dos Bancos: 20.05.99. *Zero Hora*, Porto Alegre, 21 de maio de 1999, p. 28.

[143] CASTILHO, Ela Wiecko V. de. *Op. cit.*, p. 135.

aspectos da moralidade, e por toda a sociedade que ainda mantém viva a cultura da decência.

Sabe-se que para o débito tributário, mesmo em se tratando de dívida em face de sonegação fiscal, há também instância administrativa e, por isso, poder-se-ia argumentar que, para se caracterizar o crime de "lavagem de dinheiro", o esgotamento do contencioso administrativo seria pressuposto indispensável. No entanto, o entendimento predominante é de que são autônomas as instâncias penais e administrativas; significando, assim, não haver necessidade de estar esgotada a via administrativa para a propositura da ação penal.[144] Ives Gandra da Silva Martins[145] posiciona-se no sentido contrário, ou seja, no sentido de que não poderá alguém ser condenado por crime tributário quando ainda pender de julgamento o procedimento administrativo; e consigna o mesmo autor: "... Seria admitir que alguém fosse condenado por homicídio, estando a vítima assassinada assistindo ao julgamento".

Há vários aspectos a serem analisados. Primeiramente há que se considerar que a instância administrativa não pode ter supremacia sobre a instância judiciária, porque, pela própria natureza do procedimento, o julgamento administrativo é feito por pessoas não integrantes do Poder Judiciário. São mais vulneráveis às adversidades políticas; quase sempre estão mais comprometidas com o aspecto político do que com o jurídico. Poderá ocorrer, até mesmo, que, por questões políticas, possa haver "condenação" de um inocente e "absolvição" de um culpado; possibilidade que também não se pode afastar na esfera judicial, porém, com menor intensidade e com maior possibilidade de ser reparada situação dessa natureza, nos diversos graus de jurisdição. Por outro lado, como funcionários que são integrantes do Poder Executivo, os responsáveis pelo contencioso administrativo não têm, por conseguinte, qualquer garantia para fazerem um julgamento descomprometido, isento, independente de pressões políticas.

Pensar-se que em crime contra a ordem tributária não possa haver procedimento e condenação independentes do julgamento na esfera administrativa seria dar-se maior credibilidade à instância administrativa, e, assim, admitir-se que esta possa ser mais justa do que a instância penal, quando é bem ao contrário. Na instância penal, busca-se a certeza do crime; prevalece o princípio da verdade real,

---

[144] MORAES, Alexandre de; SMANIO, Gianpaolo Poggio. *Legislação penal especial*. São Paulo: Atlas, 1998, p. 80.

[145] MARTINS, Ives Gandra da Silva. *Crimes contra a ordem tributária*. 3. ed. atual, São Paulo: Revista dos Tribunais, 1998, p. 33.

o que poderá não ocorrer com a instância administrativa e, até mesmo, com a instância judiciária civil.

Os crimes contra a ordem tributária são materiais ou de resultado, o que significa que não haverá crime se não houver lesão a bem jurídico, ao erário. E a prova dessa lesão se faz necessária para que possa haver a responsabilização criminal. O procedimento penal é a via adequada para produzir prova nesse sentido, uma vez que no processo penal a dúvida é resolvida a favor do réu. No processo penal, o Juiz poderá mais se aprofundar na busca da verdade, "... é costume dizer-se que o Juiz penal tem poderes inquisitivos, em virtude do princípio da verdade real, ao passo que o Juiz civil atua segundo regras dispositivas, dependendo da iniciativa de partes".[146]

Para o crime de "lavagem de dinheiro" derivado do crime de sonegação fiscal, também não há necessidade de estar resolvida a instância administrativa e nem a judiciária civil, sendo suficiente a sua comprovação, inclusive a lesão ao bem jurídico que, na espécie, no dizer de Luiz Vicente Cernicchiaro,[147] é "bifronte" por causar lesão, de um lado, ao interesse público, que se confunde com o interesse do Estado na obtenção de recursos para realização de suas atividades; enquanto, de outro lado, estará também o interesse patrimonial do Tesouro, relacionado com a receita do Estado. Nesta perspectiva, fica evidente que perfeitamente se adequaria como crime de "lavagem de dinheiro", o capital proveniente de crime de sonegação fiscal, posteriormente tornado com aparência de lícito. No entanto, assim não o é, pelo menos enquanto não for modificada a legislação brasileira para adequá-la a essa nova realidade.

O dinheiro proveniente de crime de sonegação fiscal também ultrapassa, e com muita freqüência, as fronteiras do país, e tem curso livre através das contas bancárias denominadas CC-5 para ser "lavado". É prejudicial ao sistema econômico-financeiro, não só porque obtido por meios ilícitos e porque há evasão do país, ainda que temporária; mas a grande lesão também há em decorrência da não-tributação, quando retorna como capital estrangeiro e é aplicado em fundos de renda fixa, sem se contar ainda com as facilidades de retorno novamente para o exterior, já "lavado", quando os investimentos não forem mais lucrativos. Por isso se torna inconcebível que tenha o legislador deixado de lado essa espécie de conduta anti-social, altamente perniciosa aos interesses nacionais, quando teve a rara oportunidade de incluí-la na relação daqueles crimes básicos da Lei nº 9.613/98. Assim, o Brasil está se caracterizando, cada vez mais,

---

[146] GRECO FILHO, Vicente. *Manual de processo penal*. São Paulo: Saraiva, 1998, p. 216.

[147] CERNICCHIARO, Luiz Vicente. *Op. cit.*, p. 181.

como o grande paraíso fiscal, e como o grande país da impunidade dos chamados crimes de "colarinho branco".

Quase sempre o sujeito ativo do crime de sonegação fiscal é o mesmo que após "lava" o dinheiro. Mas, quando acontece esta última hipótese, o crime de sonegação fiscal já se consumou, já se exauriu, com graves prejuízos ao fisco. E, por outro lado, o dinheiro que o erário deixou de arrecadar vai impedir a Administração Pública de investir em benefício da coletividade, o que significa que cada indivíduo particular e a sociedade como um todo é que sofrem as conseqüências dessa grave lesão. Assim, o crime de sonegação fiscal já produziu aí um resultado danoso e, por isso, deve haver a intervenção penal, sem antes se esgotar eventual instância administrativa. Na fase seguinte, ou seja, quando o dinheiro é "lavado", embora o comportamento também seja gravemente danoso, porque poderá ser investido no mesmo país sem ter antes sido tributado, ou remetido para o exterior, nesta mesma condição, causa, também, desequilíbrio ao sistema econômico-financeiro, com danos, por vezes, absolutamente irreparáveis. No entanto, este comportamento, embora anti-social, não recebe a intervenção penal, não é punido, quando poderia, no mínimo ocorrer concurso material de crime, se a "lavagem" for feita pelo próprio sonegador. Como bem ressalta Marco Antonio de Barros, se o dinheiro obtido pela sonegação incorpora-se ao patrimônio do sonegador, exaure apenas o crime que praticara; "se ele não tem como provar a origem ilícita do patrimônio que se avolumou e vem a agir de acordo com uma das inúmeras formas empregadas pelos criminosos lavandeiros, não se pode tratá-lo diferentemente".[148]

O "jogo do bicho", pelo que tem noticiado a imprensa, além de carrear grandes fortunas para o bolso de poucos contraventores, e "lavadas" posteriormente, constitui também fator criminógeno em outros segmentos sociais, por ser meio fácil de induzir à corrupção, até mesmo de altos funcionários e agentes políticos, situação que não com rara freqüência se vê estampada nos jornais do país; e, por outro lado, possibilita a intensificação do tráfico de drogas e a conseqüente ampliação do número de consumidores. "Jogo do bicho", "corrupção" e "droga" são atividades ilícitas, puníveis, que tradicionalmente andam juntas, e têm sido uma grande fonte de obtenção de ativos, que são "lavados" inclusive por intermédio das já conhecidas contas bancárias CC- 5. Pelo menos é o que se presume, ao se interpretar as notícias de revistas e jornais do país que freqüentemente são divulgadas.

---
[148] BARROS, Marco Antonio de. *Op. cit.* p. 35.

4.4. NECESSIDADE DE DEFINIÇÃO CLARA DOS CRIMES ANTECEDENTES

A clareza, a delimitação e a objetividade devem caracterizar, também, o crime de "lavagem de dinheiro". O tipo penal, ao mesmo tempo em que é autônomo, guarda relação com o crime básico, antecedente, primário, mas acarreta dano a bem jurídico específico. Quando ocorre o crime de "lavagem de dinheiro", o crime antecedente já se aperfeiçoou, já se exauriu; mas, para caracterizar o crime derivado, terá de haver prova concreta de sua ocorrência. Mera presunção de existência não é suficiente para aperfeiçoar o crime derivado, porque o dinheiro "lavado" tem de ter origem ilícita, mas ilicitude especificamente prevista na lei penal. Se o dinheiro provém de negócio relacionado com entorpecentes ou drogas afins, há que existir o fato devidamente descrito na lei penal, ou seja, o fato há que estar devidamente tipificado na lei como crime.

Existem legislações, como a australiana e a suíça,[149] a colombiana e a americana,[150] por exemplo, que consideram crime de "lavagem de dinheiro", quando o capital provém de ação criminosa, isto é, quando tem origem em qualquer conduta punível anterior. Não especifica qual o crime, o que significa dizer que qualquer crime é pressuposto básico para o delito de "lavagem de dinheiro", desde que dele origine-se algum capital.

A Espanha inseriu, em seu Código Penal de 1995, o crime de "lavagem de dinheiro" proveniente de outros crimes considerados graves "em função de sua pena".[151]

4.4.1. Crimes antecedentes inexistentes e de duvidosa tipificação

A Lei brasileira pretendeu especificar, ainda que ampliando o contexto dos crimes antecedentes, porém, incluiu algumas figuras que, na realidade, não são puníveis, e outras de duvidosa tipificação.

4.4.1.1. Terrorismo

Houve a introdução do terrorismo como crime antecedente; no entanto, esta figura, a despeito de estar consignada no inciso XLIII do art. 5º da Constituição, ainda não consta em lei infraconstitucional como figura punível, como figura típica. Nem mesmo a Lei nº 7.170,

---
[149] ADRIASOLA, Gabriel. *Op. cit.* p. 13.
[150] LEFORT, Victor Manuel Nando. *Op. cit.*, p. 27-8.
[151] CERVINI, Raúl; OLIVEIRA, William Terra de; GOMES, Luiz Flávio. *Op. cit.*, p. 332.

de 14.12.1983, que *define os crimes contra a segurança nacional, a ordem política e social, estabelece processo e julgamento e dá outras providências* tem, em seu texto, tipificado o crime de "terrorismo". "Nesta o legislador faz alusão a *atos de terrorismo* e não a crimes de terrorismo", observa Marco Antonio de Barros.[152] Da mesma forma não o tipifica a Lei nº 8.072, de 25.7.1990, a denominada Lei dos crimes hediondos, embora hediondo pudesse ser considerado o terrorismo se crime fosse. Assim, o terrorismo. "... Enquanto figura penal, ainda é carecedor de tratamento específico em nosso país por parte do legislador".[153]

4.4.1.2. Organização criminosa

Incluiu ainda a Lei, como antecedente, o crime praticado por "organização criminosa", sem, contudo, existir uma legislação definindo o que seja organização dessa natureza. Existe a Lei nº 9.034, de 3.5.1995, que pretendeu definir a "ação de organização criminosa" no Capítulo I, porém assim não o fez. Trata-se de mera alusão à organização criminosa sem, no entanto, trazer em seu contexto um tipo penal definidor e delimitador dessa "organização".

Há que se registrar que uma organização criminosa não poderá ser responsabilizada penalmente como pessoa jurídica, até mesmo por não ter esta personalidade e por não ser possível constituir-se legalmente. Por outro lado, ainda que pessoa jurídica pudesse ser considerada, não poderia ser sujeito ativo de ação criminosa, por ser despida de vontade para a prática de qualquer ato. E, ainda, se se quiser responsabilizar penalmente integrantes de uma organização criminosa, terá de se saber, antes, qual a organização e quem a compõe. Não pode o legislador preterir determinados critérios quando seleciona e criminaliza uma conduta. O seu procedimento, é evidente, não pode ser causal, apenas. Não pode deixar indeterminado o sujeito ativo, transferindo ao julgador esse poder para, de acordo com o seu entendimento, com a sua subjetividade, defini-lo.

Presume-se que o legislador brasileiro quis imitar a legislação antimáfia italiana. Naquele país, "... A só participação na organização mafiosa é punida com a pena de reclusão de três a seis anos ...",[154] aumentada de acordo com determinadas circunstâncias. E há razão de ser, de nosso Direito Penal guardar linhas idênticas ao Direito Penal italiano, uma vez que o próprio Código Penal de 1940 não

---

[152] BARROS, Marco Antonio de. *Op. cit.*, p. 15.
[153] CERVINI, Raúl; OLIVEIRA, William Terra de; GOMES, Luiz Flávio. *Op. cit.*, p. 330.
[154] GRINOVER, Ada Pellegrini. O crime organizado no sistema italiano. In: PENTEADO, Jacques Camargo (Org.). *Justiça penal*. São Paulo: Revista dos Tribunais, 1995, p. 20.

somente foi promulgado sob a vigência da Constituição autoritária de 1937, como também recebeu profunda influência do Código Penal italiano, o conhecido Código Rocco.[155]

Mas a definição de organização criminosa, a identificação de quem possa ser penalmente responsável, a fim de que possa ser preservada a dignidade do ser humano e limitado o poder de punir, não pode o legislador ignorar. Não é, porém, tarefa fácil, porque, como observa Luiz Flávio Gomes,

"... Em cada lugar e em cada setor, de outro lado, o crime organizado já alcançou um estágio diferente. As dificuldades começam pela conceituação (inclusive do ponto de vista criminológico), visto que, conforme Juary Silva, a locução mais corresponde, - entre nós, pelo menos- a uma 'figura de linguagem' que a um conceito jurídico – ou sociológico".[156]

Existe em nosso Código Penal (art. 288) a figura de "associarem-se mais de três pessoas, em quadrilha ou bando, para o fim de cometer crimes"; mas esta figura delitiva não traz os elementos caracterizadores de organização criminosa, porque, além de não se inserir no contexto da macrocriminalidade, as atividades do grupo são mais ostensivas. A organização criminosa, ao contrário, sua atuação prima pela invisibilidade, pela ocultação do resultado, "a tal ponto que por vezes empreita criminosos de fora da organização para levar a cabo crimes avulsos, não suscetíveis de permanecer ocultos", anota Maurício Antônio Ribeiro Lopes.[157]

Winfried Hassemer,[158] depois de indentificar e separar a criminalidade de massas (roubo, arrombamentos, furto de automóveis nas grandes cidades, abuso de drogas e muitos outros crimes comuns) da criminalidade organizada, ressalta que é por demais ampla a definição que a esta organização hoje se pretende dar, e que os especialistas ainda não chegaram a um consenso sobre o que realmente ela consiste. Para o autor, a criminalidade organizada é difícil de ser isolada porque ela segue a tendência dos mercados nacional e internacional, como, por exemplo, o tráfico clandestino de lixo nos países industrializados; não há vítimas imediatas, mas sim difusas, como ocorre com o tráfico de drogas e corrupção, o que afasta a

---

[155] ZAFFARONI, Eugenio Raúl; PIERANGELLI, José Henrique. *Op. cit.*, p. 224-5.

[156] GOMES, Luiz Flávio; CERVINI, Raúl. *Crime organizado*. São Paulo: Revista dos Tribunais, 1997, p. 73.

[157] LOPES, Maurício Antônio Ribeiro. Apontamentos sobre o crime organizado e notas sobre a Lei 9.034/95. In: PENTEADO, Jacques Camargo (Org.). *Justiça penal*. São Paulo: Revista dos Tribunais, 1995, p. 181.

[158] HASSEMER, Winfried. *Op. cit.*, p. 66-7 e 85.

possibilidade de ser levada ao conhecimento da autoridade pelo particular e, quando existem vítimas, elas são intimidadas. Por outro lado, consigna o mesmo autor que não sabe precisar o que efetivamente seja a criminalidade organizada, o que possa ser identificado como estrutura, e nem quais as perspectivas para o futuro. No entanto, mais adiante salienta que,

"... A criminalidade organizada não é apenas uma organização bem feita, não é somente uma organização internacional, mas é, em última análise, a corrupção da legislatura, da magistratura, do Ministério Público, da polícia, ou seja, a paralização estatal no combate à criminalidade".

A dificuldade para a conceituação, por óbvio, vai impossibilitar a tipificação, pois há que se considerar, também, as funções do tipo penal, como as selecionadoras de condutas anti-sociais relevantes; de garantia no sentido de que somente as condutas que se ajustem a ele sejam puníveis; e de indicação de quais os comportamentos são proibidos; que vão servir de motivação geral para que as pessoas se abstenham de praticar fatos subsumíveis a ele.[159]

Por outro lado, não se pode olvidar também, como bem anota Juarez Tavares, os princípios de limitação material que "dizem respeito à dignidade da pessoa humana, ao bem jurídico, à necessidade da pena, à intervenção mínima, à proporcionalidade e a categorias lógico-objetivas".[160] E a seguir, observa ainda Tavares: "... Relativamente ao Direito Penal, a proteção à dignidade serve de parâmetro ao legislador na configuração dos tipos, bem como na responsabilidade pelo seu cometimento, pelo pressuposto da culpabilidade". Daí se infere que, sem a observância dos limites de proteção à dignidade, também o legislador não constrói um tipo penal capaz de limitar o poder de punir. Fere dessa forma os princípios garantistas do moderno Direito Penal.

O legislador, nesse aspecto, intencional ou não, fez constar da Lei esses comportamentos que podem ser tidos como anti-sociais; porém, em não se tratando de condutas puníveis, tornam-se inválidas, inócuas, para os fins penais. De outro lado, crimes de maior potencial ofensivo, como os de sonegação fiscal, de receptação[161] e, também, a contravenção do denominado "jogo do bicho", que muito tem produzido dano à economia nacional, ignorou-os.

---

[159] CONDE, Francisco Munõz. *Op. cit.*, p. 42.
CONDE, Francisco Munõz; GARCIA ARÁN, Mercedez. *Derecho penal*: parte geral. Valencia: Tirant lo Blanc, 1996, p. 268.
[160] TAVARES, Juarez. *Op. cit.*, p. 116-7.
[161] BARROS, Marco Antonio de. *Op. cit.*, p. 33.

4.5. SELEÇÃO EQUIVOCADA DOS CRIMES ANTECEDENTES

O legislador, diante de uma das raras oportunidades que teve de produzir uma legislação moderna capaz de contribuir para a solução de muitos conflitos existentes na contextualização dos graves problemas sociais que quotidianamente se alastram por todo o país, não soube aproveitá-la. Produziu uma legislação eivada de deficiências, incoerências e omissões. Tomou como suporte para o crime de "lavagem" certas condutas que o tornam inócuo, como foi visto acima (itens 4.4.1.1 e 4.4.1.2) e, de outro lado, no entanto, omitiu crimes de grave e indiscutível potencial ofensivo, que têm contribuído com grande parcela para o desequilíbrio das contas públicas e, também, para a deterioração de bens jurídicos metaindividuais, como a ordem econômica nacional.

Fosse atento e cauteloso o legislador, poderia, senão estancado, pelo menos obstaculizado e, até mesmo, evitado que evasão de divisas continuasse a se constituir no grande "negócio" do mercado financeiro nacional, com aplicações de forma expúria, mas de alta lucratividade, em determinados fundos sem incidência de imposto.

Como se tem notado, as contas especiais CC-5, criadas pelo próprio governo que, em princípio, serviriam para serem utilizadas por empresas e pessoas físicas, brasileiras ou não, residentes em outros países, de forma lícita, é a via por onde o dinheiro "sujo" segue para a "lavagem", certamente também aquele proveniente do "jogo do bicho". No entanto, somente neste ano de 1999, é que veio a público que dinheiro proveniente de várias atividades criminosas, dentre elas a de sonegação fiscal, de tráfico de drogas e de contrabando de armas, estava sendo "lavado", com a utilização inclusive dos conhecidos "laranjas", ou seja, daquelas pessoas que disponibilizam seus nomes para serem os titulares das contas.

O dinheiro "sujo" é entregue a uma casa de câmbio no Brasil. Esta contrata um "laranja", geralmente de nacionalidade paraguaia, para abrir uma conta em seu nome numa agência bancária no Brasil, onde é depositado aquele dinheiro ilícito e, posteriormente, transferido dessa conta comum para a conta especial CC-5. Neste momento tem início a "lavagem". Ato contínuo, o "laranja" saca o dinheiro dessa conta especial, já no país estrangeiro para onde foi remetido, e o transforma em dólares, que são depositados, a seguir, numa conta do verdadeiro titular daquela fortuna. Posteriormente, os dólares são transformados em reais e remetidos para o Brasil, já "lavados". Normalmente vem do Paraguai através da Ponte da Amizade, que faz a ligação da cidade de Foz de Iguaçu com a Ciudad del Este.

É este o esquema que foi revelado pelo Procurador da República Celso Antônio Três, de Cascavel, PR, à CPI do Sistema Financeiro, em andamento no Senado da República.[162]

Assim, a omissão do legislador em não definir também como crime a "lavagem de dinheiro" proveniente de sonegação fiscal, de receptação e da contravenção do "jogo do bicho", não está conforme com a realidade que bem demonstram o comportamento desses infratores. Sem muito esforço, é possível identificar o dinheiro "lavado" e, também, a vinculação a sua origem. Dessa forma, poder-se-ia mais facilmente identificar o crime e a contravenção antecedentes, e com mais eficácia combatê-los.

O que se tem percebido é uma verdadeira dispersão de leis especiais que mais têm servido de complicador para tornar efetiva a aplicação do Direito Penal, do que servir de suporte à função protetiva que deve exercer no seio da coletividade.

Em face da indiscutível ineficácia da maioria das leis especiais, não seria um despropósito introduzi-las no Projeto do Novo Código Penal, em forma de artigos sistematizados na Parte Especial, com oportunidade de amplo debate num primeiro momento por juristas de todo o país e, por fim, também debatida e aprovada pelo Congresso Nacional. Seria outra grande oportunidade de se reformular a Lei de "lavagem de dinheiro", tornando os tipos mais objetivos, mais abrangentes e mais eficazes, a exemplo do Código Penal da Espanha, de 1995, que definiu como antecedentes qualquer crime, desde que se incluam naquele contexto de gravidade estabelecida pela pena cominada, segundo a previsão constante do mesmo Código.[163] Porém, poder-se-ia até fazer essa adaptação com algumas alterações pertinentes à gravidade do crime antecedente, dimensionando-o segundo o bem jurídico violado, quando ultrapassasse as raias do invidual e alcançasse o metaindividual ou supraindividual.

---

[162] *Jornal Zero Hora*, Porto Alegre, 3 de junho de 1999, p. 22.

[163] CERVINI, Raúl; OLIVEIRA, William Terra de; GOMES, Luiz Flávio. *Op. cit.*, p. 332.

Capítulo V

Conduta delituosa de "lavagem de dinheiro"

5.1. O DIREITO PENAL COMO *ULTIMA RATIO*

A conduta tida como "lavagem de dinheiro" induz à conclusão de que não se "lava" o que não está sujo ou, ao contrário, "lava-se" o que não está limpo ou, ainda, "lava-se" o que está sujo. Assim, o dinheiro que é "lavado", por evidente, não foi produzido por meios lícitos, se o fosse, não deveria ser "lavado", porque se constituiria em dinheiro limpo.

As figuras típicas que criminalizam a "lavagem de dinheiro" estão expostas de forma alternativa. Por via de conseqüência, as condutas que a elas devem amoldar-se, podem ser de diversas formas realizadas. No entanto, há necessidade de que a mesma lei que tipifica deve também identificar e definir o meio ilícito pelo qual o dinheiro foi obtido. Se o meio for considerado um ilícito civil, por óbvio, é no âmbito do Direito Civil que deverá ser solucionado o conflito, porque o Direito Penal, considerado que é como subsidiário dentro do ordenamento jurídico, somente deve intervir como *ultima ratio*. E a tendência seria de atuação cada vez mais restrita e de sua humanização desde Beccaria, partindo-se da idéia de que a intervenção penal supõe uma intervenção do Estado sobre a liberdade das pessoas, mas que somente é tolerável quando extremamente necessária e quando for para proteger as mesmas pessoas.[164] O aperfeiçoamento do Direito Penal nesse sentido poderia ter sido mais criterioso, mais racional. Assim é o dever ser. No entanto, se isso não ocorreu, não se pode atribuir culpa ao jurista. O termo moderno de Direito Penal para o legislador e para a mídia que o influencia quase sempre não é da mesma forma como o é entendido pelo jurista consciente, que quer ver um Direito Penal atuando somente depois de saber que a solução extrapenal não solucionou o problema.

---

[164] PUIG, Santiago Mir. *El derecho penal en el estado social y democrático de derecho.* Barcelona: Ariel, 1994, p. 151.

Uma parcela considerável de legisladores entende que basta tipificar um fato e cominar uma pena exacerbada para tudo se resolver. Assim talvez tenham entendido por influência da mídia que também tem esse mesmo entendimento; ou, então, dessa forma agem para agradá-la, apenas. Esquecem-se de que

"... O princípio da intervenção mínima também conhecido como *ultima ratio* – conforme anota Cezar Roberto Bitencourt – orienta e limita o poder incriminador do Estado, preconizando que a criminalização de uma conduta só se legitima se constituir meio necessário para a proteção de determinado bem jurídico".[165]

Por outro lado, não se pode olvidar que, se for violenta a intervenção penal e se pouco representa de racional, "e resulta ainda mais violenta, o sistema penal nada mais faria que acrescentar violência àquela que, perigosamente, já produz o injusto jus-humanista a que continuamente somos submetidos. Por conseguinte, o sistema penal estaria mais acentuando os efeitos gravíssimos que a agressão produz mediante o injusto jus-humanista, o que resulta num suicídio", registram Eugenio Raúl Zaffaroni & josé Henrique Pierangeli.[166]

Os problemas relacionados à "lavagem de dinheiro" começaram a surgir em função do complexo desenvolvimento social desordenado que, por sua vez, facilitou também o desencadeamento de grande criminalidade em seus diversos segmentos, como o tráfico de drogas, sonegação fiscal, criminalidade organizada, economia, o tráfico de armas, e outros. São problemas que a sociedade em geral clama por providências e, como são tidos como originários de uma sociedade moderna, essa mesma sociedade entende deva ser o Direito Penal adequado para solucioná-los; sem antes, porém, perquirir se houve ou não a inadequação de outros meios não-penais. A propósito, anota Winfried Hassemer, com apoio em Arthur Kaufmann, que,

"O venerável princípio da subsidiariedade ou da *ultima ratio* do Direito Penal é simplesmente cancelado, para dar lugar a um Direito Penal visto como *sola ratio* ou *prima ratio* na solução social de conflitos: a resposta penal surge para as pessoas responsáveis por estas áreas cada vez mais freqüentes como a primeira, senão a única saída para controlar os problemas".[167]

Essa assertiva merece reflexão e deve ser tomada como parâmetro para a situação brasileira, que nos últimos tempos tudo querem

---

[165] BITENCOURT, Cezar Roberto. *Manual de direito penal*. São Paulo: Revista dos Tribunais, 1997, p. 37.
[166] ZAFFARONI, Eugenio Raúl; PIERANGELI, José Henrique. *Op. cit.*, p. 80.
[167] HASSEMER, Winfried. *Op. cit.*, p. 48.

resolver por intermédio do Direito penal. Chega-se num determinado momento em que ele, efetivamente, tem de intervir, porque outros meios que poderiam ter sido postos em prática não o foram. Mesmo na área do Direito Penal, se houvesse uma adequada intervenção no combate a determinados crimes, outros comportamentos anti-sociais em decorrência deles não aconteceriam. Se agora se quer fazer intervir o Direito Penal para solucionar problemas relacionados com crimes anteriores, como está ocorrendo com a "lavagem de dinheiro", é porque foram já ineficientes os meios empregados para a efetividade do mesmo Direito Penal. O crime de sonegação fiscal, por exemplo, também ocorre em face da inadequada fiscalização no âmbito administrativo. Se eficiente fosse, o mal não se geraria e, por conseguinte, não se teriam sucessivas condutas anti-sociais posteriores que devessem ser solucionadas na área criminal. Depois de o monstro formado, não mais pode ser combatido com arma de baixo calibre, necessário se faz o emprego de meios muito mais rigorosos para exterminá-lo.

Tem-se o crime de "lavagem de dinheiro" porque não foi evitado o crime antecedente, que foi-se agigantando ao longo dos tempos, fazendo nascer essa nova espécie de criminalidade também crescente que se quer combater agora também com o Direito Penal, mas com uma legislação ineficiente, incoerente e omissa, às vezes, como é o caso brasileiro. Além disso, há outros aspectos negativos a serem considerados, que se podem classificar como verdadeiros estímulos à chamada criminalidade de "colarinho braco", como bem revelam as chamadas contas especiais CC–5 (*v.* Capítulo IV, item 4.3); a omissão de certos órgãos em suas tarefas fiscalizadoras, a facilidade com que o dinheiro do contribuinte está sendo canalizado para atividades particulares e posteriormente desviado, com enormes prejuízos aos cofres públicos e, por via de conseqüência, à sociedade.

A corrupção alcança índices intoleráveis, mas dificilmente é investigada o suficiente para se chegar à responsabilização dos verdadeiros culpados. Os interesses político-partidários constituem-se uma força hegemônica obstaculizadora de atividades investigatórias que se fazem necessárias ao esclarecimento de desvio de milhões de dólares da área pública para o bolso de alguns particulares. E quando atos investigatórios acontecem e atingem funcionários graduados integrantes ou que já integraram setores governamentais importantes, em alguns casos, são tidos como perseguição e "volta ao arbítrio"; porém, o mesmo ato, quando se volta contra outras pessoas, fora dessa área, é visto numa outra perspectiva, ou seja, como sendo normal e rotineiro. E, além disso, dependendo da pessoa investigada, o órgão encarregado de coletar os elementos necessários à responsabilização criminal, dentro da mais transparente legalidade, passa a ser visto, não mais como órgão acusador, mas sim como acusado, ou seja, passa de "acusador a réu",[168] como há pouco foi assim considerado o Ministério Público Federal.

Fala-se muito em ética no Serviço Público; foi até mesmo cogitada a nomeação de uma comissão para elaborar um código de ética para as camadas superiores dos órgãos governamentais federais brasileiros.[169] Tudo se quer resolver com novas legislações; sem nunca se pensar em executar as que já existem. O Brasil tem um dos mais altos índices de corrupção, no entanto há somente 8 auditores para cada 100.000 habitantes, num total de 12.800 auditores ao todo; enquanto na Dinamarca e na Holanda são 100 auditores por 100.000 habitantes. Nestes países, a corrupção é contida em sua origem, e, quando começa a ocorrer, não chega a atingir grandes proporções, de imediato é debelada; erradica-se o mal antes que ele cresça. Para o Brasil alcançar a Dinamarca e a Holanda, necessitaria de pelo menos 160.000 auditores.[170] Mas é dessa maneira que esses países e tantos outros evitam o Direito Penal como *prima ratio*.

No Brasil, chegou-se a um estágio de tamanha gravidade que somente uma legislação penal bem elaborada, sem omissões, sem deficiências e nem incoerências, é que poderá talvez amenizar, jamais erradicar, o mal que foi-se gerando e se desenvolvendo ao longo dos tempos.

A produção legislativa brasileira tipificou uma série de condutas que se passou a denominar de "lavagem de dinheiro", nova expressão, neologismo que não era estranho na linguagem comum dos últimos tempos, relacionando-as aos crimes enumerados no art. 1º da Lei nº 9.613/98, apenas – crimes antecedentes - e não em todos os crimes e contravenções penais que possam produzir resultados lucrativos, com risco à segurança do sistema-econômico nacional. Não só houve omissão dessa Lei, como também, como já visto antes (Capítulo IV, itens, 4.4.1, 4.4.1.1 e 4.4.1.2), foram enumerados crimes básicos, antecedentes, primários que, na realidade, crimes não podem ser considerados, como o de "terrorismo" e o praticado por "organização criminosa".

---

[168] Reportagem de Janio Freitas, publicada no jornal "Folha de São Paulo", sobre investigações feitas pelo Ministério Público que culminaram com apreensão de documentos comprometedores, na casa de um ex-funcionário qualificado do Banco Central. FREITAS, Janio. *Folha de São Paulo*, São Paulo, 20 de abril de 1999, Brasil 1, p. 5.

[169] Cúpula do governo terá código de ética. *Folha de São Paulo*, São Paulo, 23 de maio de 1999, p. 15.

[170] Informações extraídas do texto de KANITZ, Stephen. A origem da Corrupção. *Veja*, São Paulo: Abril, edição 1600, ano 32, nº 22, 1999, p. 21.

5.2. CONCEITO DE CRIME

Ainda que sucintamente, faz-se necessário identificar os principais elementos conceituais do crime, em face da estrutura *sui generis* que caracteriza o crime de "lavagem de dinheiro", pela integração do crime antecedente, como elemento essencial à estrutura típica.

5.2.1. Conceitos formal e material

Ao longo da história, a doutrina desenvolveu os conceitos formal, material e analítico de crime.

Sob o aspecto formal "crime é toda ação ou omissão proibida por lei sob a ameaça de pena "; e no sentido material, "crime é a ação ou omissão que, a juízo do legislador, contrasta violentamente com valores ou interesses do corpo social, de modo a exigir seja proibida sob ameaça de pena".[171]

Assim, formalmente o crime é conceituado do ponto de vista da lei,[172] enquanto o conceito material leva em consideração a natureza danosa da conduta humana e suas conseqüências.

Por serem considerados imprecisos e insuficientes esses conceitos na dogmática jurídico-penal, foi desenvolvido o conceito analítico de crime, com o mérito de definir com clareza os seus principais elementos estruturais.

5.2.2. Conceito analítico

Crime é *ação típica, antijurídica e culpável*. "Este conceito é fruto de paciente e aprofundada elaboração, sobretudo da dogmática alemã, constituindo-se hoje a mais valiosa contribuição para o estudo do crime".[173] É conceito que "continua sendo sustentado em todo o continente europeu, por finalistas e não finalistas".[174]

O conceito de crime com essa concepção, ou seja, como *ação típica, antijurídica e culpável*, não é unânime na doutrina brasileira. Registra Cezar Roberto Bitencourt,[175] embora discordando, que o entendimento dominante é no sentido de que o crime é uma *ação*

---

[171] FRAGOSO, Heleno Cláudio. Lições de direito penal: parte geral. Rio de Janeiro: Forense, 1991, p. 144-5.

[172] Conceito formal de crime no art. 1º da Lei de Introdução ao nosso Código Penal: Considera-se crime a infração penal a que a lei comina pena de reclusão ou de detenção, quer isoladamente, quer alternada ou cumulativamente com a pena de multa; contravenção, a infração penal a que a lei comina, isoladamente, pena de prisão simples ou multa, ou ambas, alternativa ou cumulativamente.

[173] BRUNO, Aníbal. *Op. cit.*, t. I, p. 289.

[174] BITENCOURT, Cezar Roberto. *Op. cit.*, p. 170.

[175] Idem, p. 172.

típica e *antijurídica*, "admitindo a culpabilidade somente como mero pressuposto da pena". Por sua vez consignam Fernando Galvão e Rogério Greco que,

"... Entendem Damásio de Jesus, Mirabete e Delmanto que o crime, sob o aspecto formal, é fato típico e antijurídico, sendo que a culpabilidade é um pressuposto para a aplicação da pena. Mesmo considerando a autoridade dos defensores desse conceito, entendemos, *permissa venia*, que não só a culpabilidade, mas também o fato típico e a antijuridicidade são pressupostos de aplicacão da pena".[176]

Sem ação não há crime. É a ação que produz o resultado no mundo exterior. A ação é tida como conduta humana *comissiva* ou *omissiva*. A ação é atividade, omissão é inatividade ou, como assevera Giulio Battaglini: "as infrações distinguem-se em comissivas e omissivas. As primeiras consistem na violação de uma proibição de fazer; as segundas, na violação de um comando de fazer".[177]

A ação humana para caracterizar crime tem de corresponder à conduta descrita na lei penal, isto é, tem de ser uma conduta típica e, também, antijurídica e culpável. Só ação (ou omissão) típica e antijurídica, dogmaticamente considerada não constitui crime sem o último elemento seqüencial: a *culpabilidade*; embora não se possa prescindir também desses dois primeiros adjetivos da ação para caracterizá-lo.

É pelo conceito analítico que se pode diferenciar o crime propriamente dito, em sua essência dogmática, em sua cientificidade, do crime genericamente definido na legislação penal, como, *v.g*, homicídio, estupro, lesão corporal, furto, apropriação indébita, etc., porque em todos eles, igualmente, existe ação, ou omissão, quando for o caso. Existe, em todos eles, "um comportamento do ser humano, uma atitude externa, um fazer ou não fazer: uma ação em sentido amplo que engloba o fazer algo ou o não fazer alguma coisa".[178] Mas esse crime analiticamente considerado, que se pode dizer crime no sentido dogmático, é aquele crime depurado, aquele crime despido de tudo aquilo que for desnecessário, de tudo aquilo que for comum a todos os crimes previstos na legislação penal, é o crime com apenas aquelas características essenciais no âmbito de sua especificidade. Não é tão-somente a *ação típica* e *antijurídica* que caracteriza o crime. Um menor, um doente mental, aquele que age sob coação, ainda que

---

[176] ROCHA, Fernando A. N. Galvao da; GRECO, Rogério. *Estrutura Jurídica do Crime*. Belo Horizonte: Mandamentos, 1999, p. 33.

[177] BATTAGLINI, Giulio. *Teoria da infração criminal*: Coimbra, 1961, p. 84.

[178] TELES, Ney Moura. *Direito penal*, v. 1. São Paulo: Atlas, 1998, p. 136.

pratique uma ação típica e antijurídica, não pode ser passível de censura, de reprovação. Se se tratar de menor e de doente mental (plenamente incapaz), estes agentes são inimputáveis, isto é, agentes incapazes de entender e de compreender o caráter ilícito do fato e de se determinar de acordo com esse entendimento – são considerados agentes que não sabem o que fazem - e na hipótese daquele que age sob coação – coação moral irressistível – não se pode exigir comportamento conforme ao direito, ou seja, não se pode exigir conduta diversa daquela que se verificou no momento do fato. Em todas essas hipóteses, não se pode censurar, não se pode reprovar a conduta do agente. Logo, trata-se de condutas não-culpáveis, embora típicas e antijurídicas.

A imputabilidade e a exigibilidade de conduta diversa são elementos que integram a culpabilidade, segundo a teoria normativa pura da culpabilidade, também conhecida como teoria finalista. Logo, inexistindo esses dois elementos, embora típica e antijurídica a ação, culpabilidade não pode existir e, por conseguinte, não há como ser emplementado o crime, isto é, aquele crime no sentido dogmático – crime como ação típica, antijurídica e culpável – na concepção analítica.

5.3. AS FIGURAS DELITIVAS DE "LAVAGEM DE DINHEIRO"

No texto da Convenção das Nações Unidas contra o tráfico ilícito de estupefacientes ou substâncias psicotrópicas, aprovada em Viena em 1988, constou a recomendação aos países signatários que em suas legislações internas tipificassem como crime as condutas caracterizadas pela conversão ou transferência de bens procedentes de delitos de tráfico de entorpecentes ou drogas afins, com o propósito de ocultar ou encobrir a origem ilícita desse produto, ou também de ajudar alguém, ou dissimular as conseqüências jurídicas de suas ações; a ocultação ou encobrimento da natureza, a origem; a localização, o destino, o movimento ou a propriedade de bens, ou de direitos relativos a eles, sabendo que procedem de crime de tráfico de drogas.[179]

O Brasil, somente em 3 de março de 1998, é que se propôs a atender essa recomendação, quando produziu a Lei nº 9.613/98, tipificando várias condutas consideradas socialmente inadequadas, consistentes em tornar com aparência de lícito, bens, direitos ou

---
[179] ADRIASOLA, Gabriel. *Op. cit.*, p. 13. CERVINI, Raúl; OLIVEIRA, William Terra de; GOMES, Luiz Flávio. *Op. cit.*, p. 263.

valores provenientes dos crimes antecedentes a que alude no art. 1º. Não só ampliou aquelas hipóteses acima descritas recomendadas pela-Convenção de Viena, para a tipificação de condutas referentes à "lavagem de dinheiro", como também considerou outros crimes (alguns deles de tipificação duvidosa e até mesmo inexistente), além do tráfico de substâncias entorpecentes ou drogas afins, como pressupostos, ou seja, como crimes antecedentes, de onde poderá ter origem o bem, direito ou valores objeto da "lavagem".

Essas figuras típicas de "lavagem de dinheiro" não subsistem isoladamente. Elas são dependentes de crimes antecedentes. São figuras típicas diferidas, que têm na sua base outros crimes - crimes antecedentes. Em primeiro lugar, tem-se no *caput* do art.1º da Lei nº 9.613/98 as condutas "ocultar ou dissimular a natureza, origem, localização, disposição, movimentação ou propriedade de bens, direitos ou valores" provenientes dos crimes antecedentes, relacionados nos incisos I a VII desse mesmo artigo. A seguir, outras condutas são relacionadas, como a conversão em ativos lícitos; adquirir, receber, trocar, negociar, dar ou receber em garantia, guardar, ter em depósito, movimentar ou transferir; importar ou exportar bens com valores não correspondentes aos verdadeiros; utilizar, na atividade econômica ou financeira, bens, direitos ou valores que sabe serem provenientes de qualquer dos crimes antecedentes; participar de grupo, associação ou escritório tendo conhecimento de que sua atividade principal ou secundária é dirigida à prática de crimes previstos nessa mesma Lei (§ 1º, I, II e III, e § 2º, I e II do art. 1º).

5.3.1. Crimes formais, de mera conduta e permanentes

5.3.1.1. Crimes formais

Em qualquer daquelas condutas tipificadas no caput do art. 1º e em seu § 1º, I a III, levadas a efeito pelo agente, ainda que não se produza o resultado esperado, o crime aperfeiçoa-se.[180] Trata-se, pois, de crime formal, porque "a norma reinvidica tão-só que a intenção do agente se enderece à produção de determinado evento, não exigindo, porém, para a consumação do delito, que tal se verifique".[181] Ao contrário entendendo-se, ou seja, se o agente *oculta*, apenas, o ativo proveniente do crime antecedente, guardando-o em lugar seguro, não o introduzindo e nem tendo a intenção de naquele

---

[180] BARROS, Marco Antonio de. *Op. cit.*, p. 46.

[181] COSTA JÚNIOR, Paulo José da. *Comentários aos código penal*. Parte Geral; São Paulo: Saraiva, 1986, v. 1, p. 60.

momento introduzi-lo no mercado financeiro, não se terá aí caracterizada a tipificação do crime de "lavagem de dinheiro."

5.3.1.2. Crimes de mera conduta

Há que se fazer distinção, porém, entre as figuras delitivas enumeradas no art. 1º, *caput* e § 1º, I a III, e aquelas condutas relacionadas no § 2º, I e II, porque, neste caso, o simples ato de *utilizar* "na atividade econômica ou financeira, bens, direitos ou valores que sabe serem provenientes de qualquer dos crimes antecedentes", ou de *participar* "de grupo, associação ou escritório tendo conhecimento de que sua atividade principal ou secundária é dirigida à prática de crimes previstos nessa mesma Lei", realiza a própria consumação, há o aperfeiçoamento do crime como de mera conduta.[182]

5.3.1.3. Crimes permanentes

São permanentes "aqueles que se alongam no tempo, dependente da atividade do agente, que poderá cessar quando este quiser ...".[183] As figuras típicas consistentes em *utilizar* e *participar*, previstas no § 2º, I e II, do art. 1º da Lei nº 9.613/98, trata-se de tipos de crime permanente,[184] porque somente por vontade do agente pode cessar a atividade criminosa. Além desses crimes elencados no § 2º, I e II, entende Marco Antonio de Barros que também são permanentes os demais crimes de "lavagem de dinheiro", cujos núcleos são *ocultar, dissimular, para ou com o objetivo* de ocultar ou dissimular,

"embora possam traduzir um determinado momento no qual se verifica a consumação da operação ou transação, o certo é que a ocultação e a dissimulação não desaparecem com a concretização do negócio. Isto somente se dá com a revelação do fato, ou até o momento em que elas tornam-se conhecidas consistentes nas condutas: são também permanentes".[185]

5.4. TIPO E TIPICIDADE

Não há como entender a tipicidade no Dirieto Penal e, até mesmo, a antijuridicidade e culpabilidade, sem antes se saber o que é tipo penal com suas variáveis, até porque o tipo é o primeiro atributo

---

[182] BARROS, Marco Antonio de. *Op. cit.*, p. 47.
[183] BITENCOURT, Cezar Roberto. *Op. cit.*, p. 174.
[184] BARROS, Marco Antonio de. *Op. cit.*, p. 48.
[185] Id. ibid.

do conceito analítico de crime, seguindo-se a antijuridicidade e a culpabilidade; com o tipo objetivo – parte externa do delito – surge o próprio delito como magnitude social.[186]

5.4.1. Tipo

Tipo é a descrição do fato punível, ou, na expressão de Luiz Regis Prado,[187] "a descrição abstrata de um fato real que a lei proibe (tipo incriminador)", ou, a "descrição esquemática de uma classe de condutas que possuam características danosas ou ético-socialmente reprovadas, a ponto de serem reputadas como intoleráveis pela ordem jurídica", no dizer de Francisco de Assis Toledo[188] ou, ainda, como diz Hans Welzel,[189] "es la descripción concreta de la conducta prohibida" (é a descrição concreta da conduta proibida).

O Direito Penal não se constitui, apenas, de normas proibitivas mas, também, de normas impositivas. Estas determinam a prática de ação e, quando contrariadas, poderão acarretar lesão a um bem jurídico, constituindo-se crime por omissão. Assim, omissão é o não-empreendimento de uma ação imposta por um preceito de Direito Penal, ou por outro ramo do direito. *Non facere quod debet facere.*[190] Crime omissivo próprio: o agente não realiza determinada conduta, quando está juridicamente obrigado a realizá-la; responde pela simples omissão independentemente do resultado; e crime *omissivo impróprio* é aquele que se configura com omissão, e o agente responde pelo resultado proveniente da omissão. Em se tratando de normas que proíbem a prática de ações, uma vez violadas, ocorre o crime por ação. Têm-se aí duas formas de comportamento humano – ativo e passivo – mas, para que se configure o crime, a ação ou omissão, há que se adequar à descrição legal de um fato. E é, pois, essa descrição que forma o tipo legal. É daí que emerge a tipicidade.

5.4.2. Estrutura do tipo

O tipo legal não deve conter mais do que os elementos necessários à individualização de uma ação comportamental censurável. Mas elementos circunstanciais também devem ser secundariamente considerados para exacerbar ou diminuir a pena cominada e, tam-

---

[186] JAKOBS, Güinther. *Op. cit.*, p. 223.
[187] PRADO, Luiz Regis. *Op. cit.*, p. 181.
[188] TOLEDO. Francisco de Assis. *Princípios básicos de direito penal.* 4. ed. São Paulo: Saraiva, 1991, p. 127.
[189] WELZEL, Hans. *Op. cit.*, p. 60.
[190] LISZT, Franz Von. *Tratado de direito penal alemão.* Rio de Janeiro: 1899, p. 208.

bém, para servir de suporte a sua dosagem como o são as circunstâncias legais ou judiciais.[191]

A descrição do tipo deve ser feita de forma a preservar a sua função garantista. Ressalta Luiz Luisi[192] "que a existência, estrutura, e os fins do tipo penal acham seu embasamento no bem jurídico tutelado". Logo a seguir, continua Luiz Luisi: "... Alguns autores não incluem os bens jurídicos tutelados entre os elementos do tipo penal. É, de certo modo, a posição de Edmundo Mezger. Também, e de forma mais definida, é a postura, no concernente ao assunto, de Filippo Gripigni". De outro lado consigna Cezar Roberto Bitencourt que o

> "tipo penal abrange todos os elementos que fundamentam o injusto, na descrição da ação típica está implícito um juízo de valor. Assim, o tipo penal, contrariamente do que imaginou Beling em sua concepção inicial, não se compõe somente de elementos puramente objetivos, mas é integrado, por vezes, também de elementos normativos e subjetivos".[193]

Elementos objetivos são todos aqueles aspectos externos do fato punível, ou seja, "a ação com o seu objeto e as circunstâncias acessórias típicas que se realizam objetivamente e podem ser percebidas pela simples capacidade de conhecer, sem ser preciso usar qualquer recurso de julgamento externo do que deve ser o fato punível",[194] como, por exemplo, "ofender a integridade corporal ou a saúde de outrem"; "matar alguém". Como registra Cezar Roberto Bitencourt,[195] "... Referem-se a objetos, seres, animais, coisas ou atos perceptíveis pelos sentidos".

Elementos normativos são aqueles contidos em alguns tipos penais, além dos elementos descritivos, "para cuja determinação se faz necessário recorrer a uma valoração ética ou jurídica".[196] Francisco Munõz Conde alerta para que não haja abuso e que seja reprimido o

> "uso de 'elementos normativos' ('credor', 'insolvência', 'alheio' etc.) que implicam sempre uma valoração e, por isso, certo grau de subjetivismo e empregar sobretudo elementos lingüísticos

---

[191] JESUS, Damásio Evangelista de. *Comentários ao código penal*: parte geral. São Paulo: Saraiva, 1985, v. I, p. 248.
[192] LUISI, Luiz. *Op. cit.*, p. 50-1.
[193] BITENCOURT, Cezar Roberto. *Op. cit.*, p. 227-8.
[194] BRUNO, Aníbal. *Op. cit.*, t. I, p. 344-5.
[195] BITENCOURT, Cezar Roberto. *Op. cit.*, p. 228.
[196] ZAFFARONI, Eugenio Raúl; PIERANGELI, José Henrique. *Op. cit.*, p. 475.

descritivos que qualquer um pode apreciar ou conhecer em seu significado, sem maior esforço: 'matar', 'danos', 'lesões' etc.)."[197]

No entanto, Munõz Conde reconhece a impossibilidade de serem os *elementos normativos* suprimidos, para serem substituídos por *elementos puramente descritivos*, "inclusive, como o de 'casa' na violação de domicílio, estão necessitados de valoração para serem aplicados na prática". Mas não se pode olvidar, como bem anotam Zaffaroni e Pierangeli, que não se deve considerar muito correta a afirmação de que o abuso dos elementos normativos acarreta lesão à segurança jurídica, porque,

"há elementos normativos, como o conceito de 'funcionário público', que está perfeitamente delimitado no art. 327 do CP, enquanto que há elementos descritivos cuja determinação requer um esforço considerável (como o conceito de 'obstáculo à subtração da coisa', art. 155, § 4º, I, do CP), ou o de 'lugar ermo' (no art. 150, § 1º, segunda hipótese, do CP)".[198]

Elementos subjetivos do tipo penal têm por objeto o tipo objetivo.[199] "São constituídos pelo elemento subjetivo geral – dolo – e elementos subjetivos especiais do tipo – elementos subjetivos do injusto – que pertencem ao tipo subjetivo ...".[200] Os elementos subjetivos especiais podem, por vezes, aparecer ao lado do dolo, "como intenções ou tendências de ação, ou mesmo motivações excepcionais, que também integram o tipo subjetivo".[201]

O fato socialmente inadequado descrito na lei que configura o tipo penal deve ser perfeitamente claro de forma que dessa descrição se possa perfeitamente identificar a conduta tida como proibida.[202] A descrição das condutas deve ser o mais possível precisa, porque é uma das funções do tipo penal servir de desenvolvimento ao princípio da *nulla poena sine lege*.[203] Como bem ressalta Claus Roxim,[204] "Sólo un Derecho Penal en el que la conducta prohibida sea descrita exactamente mediante tipos se adecua por completo ao princípio

---

[197] CONDE, Francisco Munõz. Op. cit., p.46. CONDE, Francisco Munõz; GARCÍA ARÁN, Mercedez. *Op. cit.*, p. 273.
[198] ZAFFARONI, Eugenio Raúl; PIERANGELI, José Henrique. *Op. cit.*, p. 475.
[199] JAKOBS, Güinther. *Op. cit.*, p. 223.
[200] BITENCOURT, Cezar Roberto. *Op. cit.*, p. 228.
[201] SANTOS, Juarez Cirino *apud* ROCHA, Fernando A. N. Galvão; GRECO, Rogério. *Op. cit.*, p. 120.
[202] CONDE, Francisco Munõz; GARCÍA ARÁN, Mercedez. *Op. cit.*, p. 273.
[203] DONNA, Edgardo Alberto. *Teoría del delito y de la pena*. Buenos Aires: Astrea, 1996, p. 217.
[204] ROXIM, Claus. *Derecho penal*: parte general. Madrid: Civitas, 1997, t. I, p. 277.

nullum crimen sine lege", isto é, somente um Direito Penal em que a conduta proibida seja descrita exatamente mediante tipos se adequa por completo ao princípio nulo crime sem lei.

O tipo fechado seria o mais adequado, porque descreve de forma objetiva, clara o fato tido como anti-social, como, por exemplo, "matar alguém"; porém, nem sempre há essa possibilidade, em face da complexidade que às vezes representam determinadas condutas proibidas a serem tipificadas.[205] No entanto, ainda que não se consiga esse ideal, não pode ser o tipo de tal forma aberto que fique a cargo do Juiz, exclusivamente, a individualização da conduta proibida, e a delimitação da pena. Assim, estar-se-á violando o princípio da legalidade.[206]

Às vezes, porém, não é possível evitar que certa abertura deva prevalecer. Temos em nossa legislação uma variedade de casos, como o homicídio culposo previsto no art. 121, § 3º, do Código Penal, que obriga o Juiz a formar juízo de valor para determinar qual o dever de cuidado que tinha o autor do crime, valendo-se, para fechar o tipo, de outra disposição legal prevista no mesmo texto ou em outro texto legal, dependendo de cada caso e, até mesmo, em pautas éticas, quando não houver regulamentação nesse sentido. Neste exemplo de tipo aberto não há violação do princípio da legalidade e, por conseguinte, não é inconstitucional. Ocorre que,

> "no caso do art. 121, § 3º, do CP, o número de variáveis de condutas que, por violarem um dever de cuidado, podem causar a morte de alguém é inimaginável, sendo, portanto, imprescindíveis para o legislador, por mais extremado que ele fosse no desempenho de sua tarefa de elaboração do tipo".[207]

5.4.3. Tipo misto alternativo

São variados os casos de tipos mistos alternativos. São aqueles tipos em que "o legislador incrimina da mesma forma, alternativamente, hipóteses diversas do mesmo fato, todas atingindo o mesmo bem ou interesse, a todos atribuindo o mesmo desvalor".[208]

A "lavagem de dinheiro", da forma como se encontra tipificada nas principais legislações do mundo, inclusive na descrição constan-

---

[205] CONDE, Francisco Munõz; GARCÍA ARÁN, Mercedez. *Op. cit.*, p. 116.
[206] ROXIM, Claus. *Op. cit.*, p. 141.
[207] ZAFFARONI, Eugenio Raúl; PIERANGELI, José Henrique. *Op. cit.*, p. 447.
[208] FRAGOSO, Heleno Cláudio. *Op. cit.*, p. 162.

te da Convenção de Viena, e na nossa legislação, enquandra-se naquela classificação de tipos mistos alternativos, de ação múltipla ou de conteúdo variável.[209] Há a descrição de uma variedade de hipóteses que implementam um mesmo fato delituoso.[210]

Assim, são mistos alternativos os tipos constantes da Lei nº 9.613/98, como consta do art.1º *caput*: "ocultar ou dissimular a natureza, origem, localização, disposição, movimentação ou propriedade de bens, direitos ou valores provenientes, direta ou indiretamente, de crime ..." e, também, os demais tipos previstos nos §§ 1º, I, II e III, e 2º, I e II, dessa mesma Lei.[211]

A conduta *ocultar* nada mais é do que *encobrir, furtar aos olhos, esconder*[212] alguma coisa de alguém; ao passo que *dissimular* é "... Disfarçar, alguém, artificiosamente, a vontade real. Procurar encobrir ou ocultar com astúcia a verdade do ato, ou fato, dando-lhe feição ou aparência diferente".[213]

Qualquer das condutas que o agente venha a praticar, ou mais de uma delas, ou seja, se *ocultar* ou *dissimular* "a natureza, origem, localização, disposição, movimentação ou propriedade de bens, direitos ou valores provenientes, direta ou indiretamente" dos crimes antecedentes, o crime é um só, "por força do princípio da alternatividade";[214] ressalvada a hipótese de vir o mesmo agente a incidir numa das figuras típicas daqueles crimes considerados antecedentes e, posteriormente, ter outra conduta punitiva que se configure numa daquelas tidas como "lavagem de dinheiro". Neste caso, ter-se-á o crime em forma de concurso material: duas ou mais ações e dois ou mais resultados, que poderiam até mesmo ser idênticos. No caso, porém, os crimes não guardam identidade entre si, ou seja, são de natureza distintas, o que vem a constituir concurso material heterogêneo de crimes. No entanto, não há, necessariamente, que ser o mesmo agente que pratica o crime precedente também o autor do crime de "lavagem de dinheiro". Embora esta figura punitiva sempre seja dependente do crime precedente, e tenha com ele relação de *acessoriedade*, as condutas são autônomas, atingem bens jurídicos específicos.

---

[209] BARROS, Marco Antonio de. *Op. cit.*, p. 46.

[210] FRAGOSO, Heleno Cláudio. *Op. cit.*, p. 174.

[211] BARROS, Marco Antonio de. *Op. cit.*, p. 45.

[212] SILVA, De Plácido e. *Vocabulário jurídico*. Rio de Janeiro: Forense, 1973, v. 3, p. 1088.

[213] NEVES, Iêdo Batista. *Vocabulário prático de tecnologia jurídica e de brocardos latinos*. Rio de Janeiro: FASE, 1988, p. s/nº.

[214] CERVINI, Raúl; OLIVEIRA, William Terra de; GOMES, Luiz Flávio. *Op. cit.*, p. 326.

5.4.4. Tipicidade

No dizer de Munõz Conde, tipicidade "é a adequação de um fato cometido à descrição que dele se faz na lei penal".²¹⁵ Para que haja tipicidade, deve o agente atuar de acordo com o tipo.²¹⁶ Sem tipo não pode haver tipicidade. Daí por que, "tipicidade é uma decorrência natural do princípio da reserva legal: *nullum crimen nulla poena sine praevia lege*".²¹⁷

O atuar do agente de conformidade com o tipo que criminaliza "a lavagem de dinheiro" poderá caracterizar a tipicidade e constituir na sua inteireza a figura delitiva punível, se presentes também estiverem os demais atributos do crime, como a antijuridicidade e a culpabilidade.

5.4.5. Antijuridicidade

O que caracteriza a antijuridicidade é um juízo negativamente valorado que repousa sobre uma conduta humana, contrária ao ordenamento jurídico-penal. E, por conseguinte, implica uma confrontação entre o ato e a vontade da lei penal, ou seja, o que a lei penal pretendia que se realizasse.²¹⁸ No entanto, nem todo comportamento antijurídico é penalmente relevante. Assume relevância a conduta contrária ao ordenamento jurídico que se adequa ao tipo legal, à medida que venha a acarretar lesão, ou a expor a perigo de lesão um bem jurídico tutelado pelo Direito Penal. Poderá ocorrer que a conduta seja típica, porque ajustada ao tipo penal, porém poderá não estar revestida de ilicitude. É o que ocorre quando há alguma causa excludente da antijuridicidade. Por outro lado, poderá uma conduta ser ilícita, porque contrária ao ordenamento jurídico, mas, se não estiver descrita na lei penal, o comportamento não é criminoso, sem qualquer relevância, portanto, para o Direito Penal. Pode ser um ilícito civil.

A antijuridicidade é sempre de caráter material. É absolutamente inaceitável a concepção de antijuricicade formal, quando a conduta do agente não causar lesão ou, pelo menos, perigo de lesão a um bem jurídico. Se houver apenas a contradição entre a conduta do agente e a norma penal incriminadora, o que vem a ocorrer na realidade é a tipicidade, por haver adequação da conduta do agente ao

---

²¹⁵ CONDE, Francisco Munõz; *Op. cit.*, p. 41. CONDE, Francisco Munõz; GARCÍA ARÁN, Mercedez. *Op. cit.*, p. 268.

²¹⁶ NORONHA, E. Magalhães. *Direito penal*. São Paulo: Saraiva, 1986, v. I, p. 96.

²¹⁷ BITENCOURT, Cezar Roberto. *Op. cit.*, p. 233.

²¹⁸ DEVESA, José Maria Rodriguez; GOMEZ, Alfonso Serrano. *Derecho penal español*. Madrid: Dykinson, 1995, p. 404.

tipo,[219] ou seja, "quando corresponde as características objetivas e subjetivas do modelo legal, abstratamente formulado pelo legislador.[220]

O substrato da antijuridicidade é a ofensa a um bem jurídico que se encontra tutelado pela norma violada pela ação. Enquanto não ocorrer "essa ofensa ao bem jurídico não se poderá falar de antijuricidade, por mais que aparente ou formalmente exista contradição entre a norma e a ação".[221]

A concepção de Giuseppe Bettiol é nesse mesmo sentido, ou seja, é de que somente existe antijuridicidade quando houver a lesividade de um bem jurídico. "Fora deste conteúdo a antijuridicidade não existe".[222] Assim também pensa Sebastian Soler,[223] ao ressaltar que a antijuridicidade de uma ação é sempre o resultado de um juízo substancial.

Para haver antijuridicidade, deve antes existir o tipo legal, e sem antijuridicidade não poderá haver culpabilidade. Há uma relação lógica de forma que o elemento posterior dependa do anterior.

Sucintamente viram-se os dois atributos da ação – tipicidade e antijuridicidade – restando, portanto, ainda, a culpabilidade para se ter o crime em toda a extensão do conceito analítico, enquanto conduta punível.

5.4.6. Culpabilidade

5.4.6.1 Conceito

A ação típica e ilícita somente é criminosa, na concepção analítica, quando também presente a culpabilidade, ou seja, quando a conduta do autor não for apenas contrária ao ordenamento jurídico-penal, com lesão ou perigo de lesão a um bem jurídico; mas quando também houver a reprovação pessoal por não ter sido omitida a ação antijurídica quando era possível omiti-la.[224]

Há que se ressaltar que o conhecimento ou potencial conhecimento da ilicitude do fato é um dos elementos essenciais da culpabilidade. Mas não há exigência de um conhecimento técnico-jurídico,

---

[219] TELES, Ney Moura. Direito penal: parte geral, v. 1. São Paulo: Atlas, 1998, p. 224.
[220] FRAGOSO, Heleno Cláudio. Lições de direito penal: nova parte geral. Rio de Janeiro: Forense, 1986, p. 158.
[221] CONDE, Francisco Munõz; Op. cit., p. 87.
[222] BETTIOL, Giuseppe. Op. cit., v. I, p. 382.
[223] SOLLER, Sebastian. Direito penal argentino. Buenos Aires: Editora Argentina, 1970, v. 1, p. 305.
[224] WELZEL, Hans. Op. cit., p. 166.

necessário à compreensão do fato típico e da pena cominada; é suficiente um conhecimento leigo apenas,[225] para se caracterizar a culpabilidade do agente imputável, isto é, do agente com capacidade de compreensão do caráter ilícito do fato e "autodeterminação de seu comportamento".

A antijuridicidade ou ilicitude é, pois, um juízo negativamente valorado sobre um fato típico, enquanto a culpabilidade é o juízo de censura ou de reprovação dirigida ao infrator. "É a reprovabilidade do injusto ao autor. O que lhe é reprovado? O injusto".[226] Sem esse componente – juízo de reprovação, de censura ao agente – que é adicionado à ação *típica e antijurídica,* não há que se falar em *culpabilidade,* em fato punível.[227]

A concepção de culpabilidade historicamente foi se aperfeiçoando com a contribuição de teóricos do Direito, em fases diversas, destacando-se três teorias principais: *psicológica; psicológico-normativa* e *normativa pura.*

5.4.6.1.1. Teoria psicológica. A teoria psicológica da culpabilidade concebida pelo pensamento naturalista ou causal da ação, de Von Liszt e Beling, no final do século XIX, exerceu grande influência na elaboração de nosso Código Penal de 1940.[228] Liszt foi o precursor da teoria psicológica da culpabilidade, posteriormente difundida com a contribuição de Beling.[229]

A culpabilidade era vista como "relación anímica entre el autor y el hecho",[230] existindo aí o vínculo psicológico, isto é, um nexo psíquico entre a conduta e o resultado; também "pressupondo a relação de causa e efeito entre a conduta e o resultado (vínculo causal)".[231] A culpabilidade, assim, nada mais é do que "uma descrição de algo, concretamente, de uma relação psicológica, mas não contém nenhum elemento normativo, nada de valorativo, e sim a pura descrição de uma relação".[232]

---

[225] LOPES, Jair Leonardo. *Curso de direito penal brasileiro.* São Paulo: Revista dos Tribunais, 1999, p. 150.
[226] ZAFFARONI, Eugenio Raúl; PIERANGELI, José Henrique. *Op. cit.,* p. 601.
[227] DIAS, Jorge de Figueiredo. *Op. cit.,* p. 227.
[228] ROCHA, Fernando A. N. Galvão da; GRECO, Rogério. *Op. cit.,* p. 369.
[229] AGUINAGA, Juan Carlos. *Culpabilidad.* Mendonza: Ediciones Jurídicas Cuyo, 1998, p. 37.
[230] PARMA, Carlos. *Culpabilidad: Lineamentos para su estudio.* Mendonza: Ediciones Juridicas Cuyo, 1997, p. 21.
[231] MESTIERI, João. *Manual de direito penal – parte geral.* Rio de Janeiro: Forense, 1999, v. I, p. 158.
[232] ZAFFARONI, Eugenio Raúl; PIERANGELI, José Henrique. *Op. cit.,* p. 603.

Essa concepção psicológica da culpabilidade defendida pelos positivistas sociológicos e, em especial, por Von Liszt, não se compatibilizava com alguns aspectos também relevantes relacionados à própria teoria da culpabilidade, como a *culpa inconsciente*, por inexistir nesta, a relação anímica, isto é, aquela relação psicológica entre o autor e o fato, além de não ser possível também aferir graduação da culpabilidade. E, também, por ser a culpa normativa e não psíquica, não podia integrar a culpabilidade psicológica. Por outro lado, também não era possível eliminar a culpabilidade quando houvesse coação, por existir aquela relação anímica entre autor e fato, sem poder ser considerado o vício que somente atua na motivação.[233]

Para essa teoria, a ação é componente objetivo do crime; a culpabilidade, o seu elemento subjetivo, revelada pelo dolo ou pela culpa. Assim, para ser atribuída responsabilidade ao agente, bastava a imputabilidade, mais o dolo ou culpa:

a) *imputabilidade*, que é a capacidade de entender o caráter ilícito do fato e de determinar-se de acordo com esse entendimento;

b) *dolo* ou *culpa stricto sensu*, era a forma pela qual se apresentava o liame, o nexo de natureza psicológico; eram, dolo e culpa *stricto sensu*, espécies de culpabilidade.

Assim, o nexo apresentava-se sob a forma de dolo ou culpa. Dolo e culpa *stricto sensu*,

"não só eram as duas espécies como também a totalidade da culpabilidade, pois não se enxergava nesta última outro elemento além dos dois primeiros. Admitia-se, porém, como pressuposto da culpa jurídico-penal a imputabilidade, entendida como capacidade de ser culpável".[234]

Esse conceito de culpabilidade foi insuficiente, porque impossível conceber na culpa inconsciente o nexo psicológico, por inexistir previsão e, muito menos, vontade. Alguém, por exemplo, dirigindo um veículo numa estrada deserta, inesperadamente surge um pedestre e é atropelado. Não existe aí qualquer vínculo psicológico entre o motorista e o fato por ele praticado, porque não há previsão do resultado; no que resulta a impossibilidade de ser admitida a culpabilidade do agente. Assim, entendeu a doutrina de acrescentar à culpabilidade um elemento comum ao dolo e à culpa em sentido estrito, para dimensioná-la também ante um fato imprevisível: *elemento normativo*.

---

[233] AGUINAGA, Juan Carlos. *Op. cit.*, p. 42.

[234] TOLEDO, Francisco de Assis. *Op. cit.*, p. 220.

5.4.6.1.2. Teoria psicológico-normativa da culpabilidade. No início do século XX, surgiram com Reinhert Frank (1907) as bases da chamada teoria normativa da culpabilidade. Acrescentou ao conceito de culpabilidade o *elemento normativo*, que é *um juízo de valor*, isto é, *a reprovabilidade do ato praticado*, deixando o *dolo e a culpa em sentido estrito* de ser espécie de culpabilidade, passando agora também a integrá-la como sendo seus elementos. E a exigibilidade de conduta conforme a norma passou a ser pressuposto do juízo de censura.[235] Assim, como bem registra Reale Jr.:

"... Em Frank a culpabilidade é um conceito composto de elementos heterogêneos: a imputabilidade (normalidade psíquica), o vínculo psicológico (dolo e culpa) e ainda a normalidade das circunstâncias que obriga o agente a omitir a ação (reprovabilidade)".[236]

A teoria psicológico-normativa da culpabilidade também foi insuficiente, por admitir dolo e culpa integrando o conceito de culpabilidade; quando na realidade, dolo e culpa em sentido estrito são elementos da conduta e, portanto, devem integrar o tipo penal. Segundo essa teoria, a coação moral irresistível e obediência hierárquica à ordem não manifestamente ilegal não encontram explicação, porque embora sendo o agente imputável e agindo com dolo, não é punível; resta excluída, portanto, a culpabilidade, o que torna inexplicável, estando dolo e culpa a ela integrados.

Com o advento da teoria finalista da ação à culpabilidade foi dado outro tratamento de forma a permitir sua existência desvinculada do dolo e da culpa, os quais foram deslocados para o tipo penal.

5.4.6.1.3. Teoria normativa pura. Foi com a teoria normativa pura da culpabilidade, na década de 30, advinda com a teoria finalista da ação, que teve como precursores Hellmuth Von Weber, Alexander Graf Zu Dohna, aperfeiçoada por Hans Welzel, que o dolo e a culpa foram descolados para o tipo penal, isto é, passaram a pertencer à conduta típica, ficando a culpabilidade liberada desses componentes e, por conseguinte, limitada à reprovabilidade.[237] Entendeu também que o objeto da censura à culpabilidade é a voluntariedade da ação antijurídica. A reprovação ao autor é na medida em que ele pode ter consciência da antijuridicidade da ação.[238]

---

[235] TOLEDO, Francisco de Assis. *Op. cit.*, p. 223.
[236] REALE JR., Miguel. *Teoria do delito*. São Paulo: Revista dos Tribunais, 2000, p. 132.
[237] ZAFFARONI, Eugenio Raúl; PIERANGELI, José Henrique. *Op. cit.*, p. 605.
[238] WELZEL, Hans. *Op. cit.*, p. 195.

"Welsel[239] observou que o dolo e culpa não podem permanecer dentro do juízo de culpabilidade, deixando a ação humana sem o seu elemento característico, fundamental, que é a intencionalidade, o finalismo". A *consciência atual da ilicitude* fora extraída do dolo e mantida, por conseguinte, na culpabilidade, com significativa alteração, isto é, em vez de ser exigida a consciência atual, real, passou a ser exigida apenas a potencial consciência, ou a possibilidade de conhecimento da ilicitude,[240] além da *imputabilidade* e *exigibilidade de conduta diversa*.

Assim, com o finalismo, foi construída a teoria normativa pura ou finalista da culpabilidade, passando a integrá-la como elementos essenciais, a *imputabilidade* (capacidade do agente de compreensão e de autodeterminação de sua conduta); *potencial consciência da ilicitude* (possibilidade de conhecimento do injusto) e *exigibilidade de conduta diversa* (comportamento adequado ao direito).

É culpável, portanto, a conduta censurável (reprovável) do agente imputável, que tenha a potencial consciência da ilicitude (possibilidade de saber que seu comportamento é proibido) e que possa agir de conformidade com o ordenamento jurídico, ou seja, que tenha naquelas circunstâncias condições de agir de modo diferente. É um juízo de valor de caráter normativo e, por isso, passou esta teoria a denominar-se *teoria normativa pura*.

5.5. CRIME SEM CULPABILIDADE?

Vistos nos itens anteriores deste Capítulo os elementos que constituem o crime, ou seja, o crime como *ação típica, antijurídica e culpável* (conceito analítico), resta saber se concretamente afastando-se o elemento *culpabilidade*, o crime continua a existir. Quanto à *tipicidade*, é inquestionável que inexistindo o tipo legal, crime não há. Pode, entretanto, a ação se ajustar ao tipo, sem ser antijurídica e, por conseguinte, não ser delituosa, se presente alguma excludente de ilicitude, como, *v.g.*, a *legítima defesa, estado de necessidade* e *estrito cumprimento do dever legal ou o exercício regular do direito*. Todavia, se a ação for típica e ilícita, ainda que ausente o predicado – *culpabilidade* - há entendimento doutrinária no sentido de que é o suficiente para caracterizar a figura delituosa.

---

[239] CAPEZ, Fernando. *Curso de direito Penal – parte geral*. São Paulo: Saraiva, 2000, p. 256.

[240] TELES, Ney Moura. *Direito penal*. São Paulo: Atlas, 1998, p. 261.

Consigna José Frederico Marques[241] que o legislador brasileiro de certa forma adotou o ensinamento de Magiore, porque o art. 23 do Código Penal diz que "não há crime" quando presente alguma excludente da ilicitude que enumera. No que diz respeito a elementos da culpabilidade, continua o mesmo autor, Magiore "não só faz uso de expressão diversa, como se refere *expresses verbis* a crime não punível", e assevera ainda que os arts. 26 e 28, § 1º, prevêem a isenção de pena para o inimputável, além da isenção também prevista no art. 21, quando houver *erro sobre a ilicitude do fato*, podendo afastar a *culpabilidade*, continuando, inobstante, o crime. Mas esse fundamento não é suficiente para justificar a existência de crime sem culpabilidade, como outros doutrinadores também entendem.[242] O que resta, realmente, depois de afastada a *culpabilidade*, é apenas a *ação típica e antijurídica*; o que equivale dizer que o que permanece é o *ilícito penal*, e não o *crime*, que é outra realidade fenomênica diferente.

O doente mental que subtrai para si ou para outrem coisa alheia móvel, não é passível de pena em face da inimputabilidade. Mas se vender o objeto subtraído a terceiro, este comete o crime de recepção previsto no art. 180 do Código Penal, por ser considerada a coisa produto de crime, consigna também José Frederico Marques.[243] Por outro lado, anota o mesmo autor que o co-autor de um fato típico e antijurídico estará sujeito a uma pena, ainda que o executor do mesmo fato não seja culpável, significando, assim, que a ação típica e antijurídica realizada pelo inimputável pode servir para integrar outra conduta punível. E é também em face desses fundamentos que parte da doutrina procura justificar que a culpabilidade é um mero *pressuposto da pena*, isto é, que a culpabilidade "não é requisito do crime, funciona como condição de imposição da pena".[244] Os que assim entendem admitem a existência de crime sem *culpabilidade*, isto é, admitem "que o crime se concretiza, em verdade, apenas com a ação humana típica e ilícita.".[245]

Mas a "tipicidade" e a ilicitude não seriam também pressupostos da pena? Ora, na medida em que a sanção é conseqüência jurídica

---

[241] MARQUES, José Frederico. *Op. cit.*, p. 138.

[242] OLIVEIRA, Edmundo. *Comentários ao código penal*: parte geral. Rio de Janeiro: Forense, 1994, p. 168.

[243] MARQUES, José Frederico. *Op. cit.*, p. 139.

[244] JESUS, Damásio Evangelista de. *Op. cit.*, v. I, p. 181.

[245] Idem. *Temas de direito penal*. São Paulo: Saraiva, 1998, p. 73; COELHO, Walter, *Op. cit.*, p. 34; MIRABETE, Julio Fabbrini. *Manual de direito penal*, v.1. São Paulo: Atlas, 1990, p. 99; DELMANTO, Celso. *Código penal comentado*. Rio de Janeiro: Renovar, 2.000, p. 18; CAPEZ, Fernando. *Curso de direito penal*, v. 1. São Paulo: Saraiva, 2000, p. 250; ANDREUCCI, Ricardo Antonio. *Curso de direito penal*, v.1. São Paulo: Juarez Oliveira, 1999, p. 70-1.

do crime, este, com todos os seus elementos, é pressuposto daquela".[246] E não se pode, por carecer de fundamento, conceber ao contrário, porque sendo a pena a primeira e principal conseqüência do crime,[247] resta evidente que o crime é o pressuposto da pena, e não tão-somente a culpabilidade. Essa é, inquestionavelmente, a melhor doutrina, ou seja, a que considera o crime como "o conjunto dos pressupostos da pena"[248] - crime considerado como *ação típica antijurídica e culpável* -. Se a ação somente se converte em delito com a culpabilidade, como ensina Hans Welzel,[249] entender-se que esta seja pressuposto da pena equivale a dizer que os demais predicados da ação - *tipicidade* e *antijuridicidade* – não se revestem de relevância na ordem da teoria geral do crime.

No que diz respeito à punibilidade de co-autor e partícipe de um crime, quando a ação do autor principal for apenas *típica* e *antijurídica*, ou de punição do autor de crime de receptação, por exemplo, *ainda que desconhecido ou isento de pena o autor do crime de que proveio a coisa* (§ 4º do art. 180 do Código Penal) e, em conseqüência, "o argumento" de alguns de que "há crime sem culpabilidade", Cezar Roberto Bitencourt[250] justifica dizendo que, quando o nosso Código de 1940 entrou em vigor em 1942, "ainda não haviam se propagado as idéias do finalismo welzeliano, que apenas se iniciava". Para Bitencourt,

"a política criminal adotada pelo Código de 1940 tem outros fundamentos, qual seja: 1º - De um lado, representa a adoção dos postulados da teoria da acessoriedade limitada, que também foi adotada pelo Direito Penal alemão em 1943, segundo a qual, para punir o partícipe, é suficiente que a ação praticada pelo autor principal seja típica e antijurídica, sendo indiferente a sua culpabilidade; 2º - de outro lado, representa a consagração da prevenção, na medida em que pior que o ladrão é o receptador, posto que a ausência deste enfraquece o estímulo daquele; 3º - finalmente, o fato de o nosso Código prever a possibilidade de punição do receptador, mesmo que o autor do crime anterior seja isento de pena, não quer dizer que esteja referindo-se, ipso facto, ao inimputável. O agente imputável, por inúmeras razões, como,

---

[246] BITENCOURT, Cezar Roberto. *Op. cit.*, p. 294-5; BITENCOURT, Cezar Roberto. *Novas penas alternativas.* São Paulo: Revista dos Tribunais, 1999, p. 53.

[247] DÍAZ, Geraldo Landrove. *Op. cit.*, p. 15; CAFFARENA, Borja Mappelli; BASOCO, Juan Terradillos. *Op. cit.*, p. 29.

[248] FRAGOSO, Heleno Cláudio. *Op. cit.*, p. 150.

[249] WELZEL, Hans. *Op. cit.*, p. 167.

[250] BITENCOURT, Cezar Roberto. *Manual de direito penal.* São Paulo: Revista dos Tribunais, 1997, p. 297-8.

por exemplo, coação moral irresistível, erro de proibição, erro provocado por terceiro, pode ser isento de pena".

Esse rápido exame que se fez acerca da existência de ilícito penal, apenas, quando ausente a culpabilidade, e da possibilidade de existir crime também sem culpabilidade, conforme entendimento de parte da doutrina e, ainda, de não ser possível admitir-se crime sem que seja a ação *típica, antijurídica e culpável,* assume relevância à medida que o crime de "lavagem de dinheiro" tem integrado, na sua descrição típica, também crime antecedente. E o crime precedente, como sustentáculo que é do crime de "lavagem de dinheiro", há que ser examinado para se saber se pode ser ou não considerado da mesma forma como o é o crime antecedente para a receptação. Há que se perquirir também se é possível afastar um ou mais dos "elementos" do crime, enquanto ação típica, antijurídica e culpável, sem que se desconstitua a figura delitiva diferida.

5.6. ELEMENTARES OU ELEMENTOS ESSENCIAIS DO CRIME E CIRCUNSTÂNCIAS OU *ACCIDENTALIA DELICTI*

O chamado moderno Direito Penal, que se impõe na atualidade, não pode significar mudanças que venham comprometer garantias historicamente conquistadas; ao contrário, deve sempre ir em busca de seu aperfeiçoamento, ir além do que já foi conquistado, mas sempre harmonizando os princípios tradicionais já consolidados no âmbito da Teoria Geral do Delito, com o propósito de se encontrar mecanismos que assegurem com dignidade os direitos fundamentais das pessoas.

Hodiernamente, tem-se nas legislações de vários países do mundo o controle penal de condutas que convertem à condição de aparente licitude, capital proveniente de condutas tidas como criminosas – dos chamados crimes antecedentes.

Obviamente que não há crime sem a devida tipificação legal; e na descrição do fato típico há que estarem presentes certos elementos que se tornam imprescindíveis à configuração do delito. São as elementares, ou seja, são certos requisitos específicos do crime. Na ausência de um só requisito, ou elementar, apenas, a ação torna-se, em alguns casos, absolutamente atípica e, noutros, a atipicidade poderá ser relativa.[251] Assim, além dos requisitos genéricos exigidos a todos os crimes enquanto *ação típica, antijurídica e culpável,* há que

---

[251] ROCHA, Fernando A. N. Galvao da; GRECO, Rogério. *Estrutura jurídica do crime.* Belo Horizonte: Mandamentos, 1999, p. 118-9.

estarem também integrados os elementos específicos, que, na expressão de Damásio E. de Jesus, "são as elementares ou elementos, i. é, as várias formas em que aqueles requisitos genéricos se manifestam nas diversas figuras delituosas".[252]

Soler[253] dá a denominação de elementos constitutivos genéricos ao *fato típico, antijurídico e culpável*, e de elementos constitutivos específicos quando, na figura delitiva concreta, esses mesmos elementos constitutivos genéricos se manifestam em distintas formas, assumindo diferentes fisionomias.

Há que se distinguir as elementares, ou elementos constitutivos específicos do crime, dos elementos circunstanciais ou também tidos como *accidentalia delicti*, na expressão de Arturo Rocco,[254] que podem ser suprimidas sem que haja reflexo na existência do crime, uma vez que elas apenas servem para modificar-lhe, aumentando ou diminuindo a gravidade.

Assim, não há como pretender-se punir o autor de um fato concreto se ausente estiver um só dos elementos essenciais do crime, quer se tratem de elementos genéricos ou específicos.

Da estrutura típica do crime de furto podem ser retirados os exemplos de elementares e de *accidentalia delicti* ou elementos circunstanciais. Para que haja a tipicidade e, por conseguinte a integralidade da figura delitiva prevista no art. 155 do Código Penal, há que ser realizada a conduta de forma que estejam presentes todos os elementos constitutivos do tipo, ou seja, deve haver a subtração, "para si ou para outrem, de coisa alheia móvel". Se a coisa subtraída for "própria", desconstituída, resta a tipicidade e, portanto, a conduta passa a ser atípica, porque não está presente o elemento normativo: *alheia*. A conduta, nesta hipótese, passa a ser absolutamente atípica, porque carente de uma elementar ou de um elemento essencial da descrição típica.

Ainda exemplificando com o crime de furto, se a coisa alheia móvel for subtraída "para si ou para outrem" mediante "destruição ou rompimento de obstáculo", caracteriza a circunstância qualificadora, com aumento de pena, prevista no art. 155, § 4º, I, do Código Penal, passando, assim, a ter um elemento circunstancial ou uma *accidentalia delicti*. Retirado esse elemento circunstancial ou *accidentalia delicti*, o crime de furto deixa apenas de ser qualificado, passando a subsistir como crime de furto simples.

---

[252] JESUS, Damásio Evangelista de. *Direito penal*, v. I - parte geral. São Paulo: Saraiva, 1999, p. 157.

[253] SOLER, Sebastian *apud* MARQUES, José Frederico. Tratado de direito penal, v. II. Campinas: Bookseller, 1997, p. 33.

[254] ROCCO, Arthuro *apud*, MARQUES, José Frederico. *Op. cit.*, p. 34.

Há casos, porém, que o afastamento de um requisito ou elemento não tem força suficiente para desconstituir por completo a figura delituosa. Assim, quando houver, por decisão judicial, a supressão de um requisito ou elemento do crime, poderá ser operada apenas a desclassificação sem que haja por inteiro a desconstituição da figura delitiva; como pode ocorrer, por exemplo, se o Juiz desclassificar o crime de roubo (art. 157, do Código Penal) para o crime de furto (art. 155), por estar absolutamente certa a inexistência de "grave ameaça ou violência à pessoa", ou que não tenha sido, "por qualquer meio, reduzido à impossibilidade de resistência". Nesta hipótese caracterizada resta a "atipicidade relativa", porque houve a desclassificação de um para outro crime, ou seja, tornou atípico, apenas, o crime de roubo; mas em face da permanência de outras elementares necessárias à implementação completa da tipicidade do crime de furto, este passou a subsistir, não havendo, portanto, a desconstituição absoluta do delito pelo qual o autor fora inicialmente denunciado.

5.7. O CRIME ANTECEDENTE COMO ELEMENTAR DA DESCRIÇÃO TÍPICA DO CRIME DE "LAVAGEM DE DINHEIRO"

Ainda que diferentes feições possa assumir o crime de "lavagem de dinheiro" nas legislações existentes nos diferentes países do mundo, não poderá deixar de integrar o tipo, o *crime antecedente*, ou seja, o crime de onde provém o dinheiro "sujo". Por óbvio, não há como se conceber a existência de crime de "lavagem", se o dinheiro não for obtido por meio ilícito, ou por meio de determinados crimes específicos, como o é na legislação brasileira.

Não há necessariamente que ser especificado na lei qual o crime antecedente de onde se originou o dinheiro ilícito, podendo ser qualquer crime, como na legislação penal espanhola, suíça, francesa, australiana, colombiana e de muitos outros países; mas há legislação que especifica, como a brasileira, que o legislador, ainda que de forma incompleta, incluiu crime antecedente de duvidosa e, até mesmo, de inexistente tipificação, como o terrorismo e o crime praticado por organização criminosa, ao mesmo tempo em que olvidou outros crimes importantes como o de sonegação fiscal e, também, a contravenção do "jogo do bicho", como já visto (Cap. IV, 4.3).

O crime antecedente é, inquestionavelmente, condição específica, necessária à configuração da conduta delituosa; sendo, por isso, os tipos incriminadores da "lavagem de dinheiro" chamados de tipos *diferidos* ou *remetidos*,²⁵⁵ é *condicio sine qua non*, é elemento essencial ou elementar que integra a descrição do tipo do crime diferido; porque ausente o crime antecedente, a ação comportamental do autor é absolutamente vazia, indiferente para o Direito Penal – é atípica.

Na legislação brasileira, são elementares que compõem a estrutura do tipo penal de "lavagem de dinheiro" somente aquelas figuras delitivas tidas como crimes antecedentes enumerados na Lei nº 9.613/98. Qualquer outro crime, além desses elencados pela Lei, não poderá ser considerado crime antecedente; não podendo, portanto, ser considerado elementar do crime de "lavagem", ainda que haja certeza quanto à existência da materialidade e da respectiva autoria; não havendo, assim, qualquer relevância para o Direito Penal a conduta, nessa condição, que guarde pertinência com a "lavagem de dinheiro".

5.8. JUÍZO DE CERTEZA DO CRIME ANTECEDENTE E DE INCERTEZA DA RESPECTIVA AUTORIA

5.8.1. Juízo de certeza do crime antecedente

Como o crime antecedente é um elemento essencial ou elementar do crime de "lavagem de dinheiro", elemento integrante do tipo, obviamente que não há como se admitir apenas indícios de sua existência. Elementos indiciários sobre a existência material do fato delituoso antecedente é insuficiente para ensejar um juízo condenatório do autor do crime de "lavagem".²⁵⁶ Meros indícios poderão servir de base apenas para a formação da *opinio delicti* do órgão acusador, por não haver na hipótese necessidade de juízo de certeza da adequação típica, mas apenas suspeita apoiada em elementos indiciários para formalizar a acusação. Mas, doutrinariamente, há pensamento contrário, que deixa transparecer a possibilidade de condenação sem prova cabal do crime antecedente, ou seja, com a existência, apenas, de indícios dos crimes precedentes é possível embasar um juízo condenatório do autor do crime de "lavagem de dinheiro".²⁵⁷

O juízo de certeza do crime antecedente se torna imprescindível que seja formado no curso do processo – podendo ser no mesmo processo do crime diferido –, contanto que tornado certo. Quando a

---

²⁵⁵ CERVINI, Raúl; OLIVEIRA, William Terra de; GOMES, Luiz Flávio. *Lei de lavagem de capitais*. São Paulo: Revista dos Tribunais, 1998, 326.

²⁵⁶ BARROS, Marco Antonio de. *Lavagem de dinheiro*. São Paulo: Oliveira Mendes, 1998, p. 84.

²⁵⁷ CERVINI, Raúl; OLIVEIRA, William Terra de; GOMES, Luiz Flávio. *Op. cit.*, p. 334.

legislação penal permitir que pode ser qualquer crime de onde provém o dinheiro que criminaliza a "lavagem", necessário se faz seja tornada certa a existência de um crime, apenas, isto é, de *qualquer crime*. Por outro lado, quando a lei limita de forma taxativa o crime antecedente, quando especifica qual o crime antecedente, além da necessidade de ser-lhe tornada certa a existência, também há que restar definido, identificado, dentre aqueles que o legislador o elegeu como tal.

Se entre o início da acusação embasada apenas em elementos indiciários e o desfecho do processo-crime com uma sentença condenatória não estiver suficientemente comprovada a existência do crime antecedente, há violação de garantias fundamentais do autor, porque fere o direito a um julgamento justo, em obediência ao devido processo legal e, por conseguinte, fere também o direito à liberdade. Para que haja a possibilidade de punição, mister se faz que reste com clareza, ante o contexto probatório, não só a existência do crime de "lavagem" e respectiva autoria, como, também, a certeza do crime antecedente, porque a incerteza deste torna incerta a existência de um dos elementos essenciais, de uma elementar do tipo.[258]

5.8.2. Incerteza da autoria do crime antecedente

Para os partidários da doutrina que defendem a *culpabilidade como pressuposto da pena*, tornar certa a existência do crime antecedente não significa tornar certa também a autoria porque, segundo essa corrente, crime pode existir desde que haja a tipicidade e antijuricidade. Não há exigência de uma sentença anterior com trânsito em julgado e, nem mesmo, que a autoria seja conhecida e que seja imputável o agente; não, o que se torna imprescindível é que o crime antecedente seja identificado e tornada certa, comprovada a materialidade, a sua existência, isto é, há que pelo menos existir certeza da realização do tipo e da antijuridicidade do fato, com a dispensa do terceiro atributo da ação: a *culpabilidade*. Se for considerado "o ilícito não culpável", conforme admite Meger,[259] como pressuposto para a aplicação de medida de segurança e para fundamentar a co-autoria ou a participação, com sobradas razões serve também, tão-somente o ilícito penal (com a dispensa da culpabilidade) como pressuposto do crime diferido: o crime de "lavagem de dinheiro".

---

[258] D'AVILA, Fábio Roberto. A certeza do crime antecedente como elementar do tipo nos crimes de lavagem de capitais. *Boletim IBCCrim*, ano 7, n. 79, jun. 1997, p. 4.

[259] BRUNO, Aníbal. Direito penal, parte geral, v. I, tomo I. Rio de Janeiro: Forense, 1967, p. 291.

Para o juízo de certeza da existência do crime antecedente, ou apenas da tipicidade e antijuridicidade, é prescindível procedimento específico, podendo a certeza ser aferida no próprio processo instaurado em função do crime diferido; preponderando, no entanto, o princípio da verdade real, porque a atividade punitiva do Estado somente se reveste de eficácia se houver a certeza consubstanciada na prova, certeza, porém, segundo a convicção do julgador. Não podendo, assim, ser cancelado o velho brocardo *in dubio pro reo*.

5.9. CARACTERÍSTICAS COMUNS ENTRE O CRIME DE "LAVAGEM DE DINHEIRO" E O CRIME DE RECEPTAÇÃO

O tipo penal de "lavagem de dinheiro", em alguns aspectos, se assenta em bases semelhantes ao crime de receptação.[260] Ambos não subsistem sem o crime básico, sem o crime antecedente. Aliás, na legislação brasileira há algumas figuras típicas específicas de "lavagem de dinheiro" que se caracterizam como verdadeiros crimes de receptação previstos no art. 180 do Código Penal. Guarda semelhança com o receptador aquele cuja ação comportamental se ajusta às figuras típicas previstas no inciso II do § 1º do art. 1º da Lei nº 9.613/98, isto é, aquele que "adquire, recebe, troca, negocia, dá ou recebe em garantia, guarda, tem em depósito, movimenta ou transfere" *bens, direitos* ou *valores* "provenientes de qualquer dos crimes antecedentes ...", com o fim de ocultar ou dissimular a sua utilização.[261]

O crime de receptação previsto no art. 180 do Código Penal também se configura quando a conduta de alguém adequa-se às figuras típicas consistentes em "adquirir, receber ou ocultar, em proveito próprio ou alheio, coisa que sabe ser produto de crime". Assim, a diferença que se denota, basicamente, nessa tipificação é que para a configuração do crime de receptação a "coisa" objeto da receptação é produto *de qualquer crime*, enquanto que na "lavagem de dinheiro", os crimes antecedentes são determinados, limitados, específicos, relacionados na lei, constam em *numerus clausus*.

A "lavagem de dinheiro" jamais poderá ser abstraída do crime precedente; como também não pode ser o crime de receptação abstraído do crime *a quo*. Nesta perspectiva, o crime antecedente sempre

---

[260] CERVINI, Raúl; OLIVEIRA, William Terra de; GOMES, Luiz Flávio. *Op. cit.*, p. 335; BARROS, Marco Antonio de. *Op. cit.*, p. 83.

[261] BARROS, Marco Antonio de. *Op. cit.*, p. 41.

vai ser o requisito necessário, o elemento essencial ou elementar, razão da existência do crime de "lavagem de dinheiro". A premissa que conduz a essa conclusão é a mesma para o crime de receptação e vice-versa. Por isso, pode-se afirmar que o crime de "lavagem de dinheiro" guarda relação de *acessoriedade* com o crime antecedente, da mesma forma como guarda essa relação, o crime de receptação com o crime anterior, que lhe serve de base. Mas essa relação de *acessoriedade*, apenas, não vincula a autoria de um crime ao outro. Trata-se de "acessoriedade *objetiva* de *crimes*, mas não de *processos penais*.[262] A autoria do crime antecedente é indiferente para o crime de "lavagem de dinheiro", no que diz respeito a punibilidade do agente; é, pois, um novo crime, "*e não mero exaurimento de crimes precedentes*", observa William Terra de Oliveira.[263]

Nos termos do § 4º do art. 180 do Código Penal, com a nova redação que lhe emprestou a Lei nº 9.426, de 24.12.1996, "a receptação é punível, ainda que desconhecido ou isento de pena o autor do crime de que proveio a coisa"; mister se faz, apenas, que haja *certeza* de que o produto do crime provenha de crime antecedente, sem se perquirir se este foi objeto de processo crime, se foi ou não praticado por infrator não conhecido, não identificado.[264]

Doutrinariamente também é admitido o crime antecedente para lastrear o crime de receptação, ainda que absolvido o agente por insuficiência ou ausência de prova contra ele; não, porém, se a absolvição ocorrer por falta de prova quanto à existência do fato delituoso.[265] Também é indiferente que o autor do crime *a quo* não seja punível, por ser inimputável, quer por doença mental ou por menoridade.[266] Mas se deve ressaltar que sendo inimputável, crime na realidade não é, por faltar o elemento culpabilidade, trata-se de um mero ilícito penal, tão-somente, mas que também serve de base para a configuração do crime diferido.

Disposição semelhante ao § 4º do art. 180 do Código Penal, acima aludido, é o § 1º do art. 2º da Lei nº 9.613/98, que estabelece em sua parte final serem "puníveis os fatos previstos nesta Lei, ainda que desconhecido ou isento de pena o autor daquele crime" (crime antecedente). Assim, neste aspecto, o fundamento para a punibilida-

---

[262] HUNGRIA, Nelson. *Comentários ao código penal*, v. VII. Rio de Janeiro: Forense, 1980, p. 321.
[263] CERVINI, Raúl; OLIVEIRA, William Terra de; GOMES, Luiz Flávio. *Op. cit.*, p. 335.
[264] FRAGOSO, Heleno Cláudio. *Lições de direito penal*, parte especial, v. II. São Paulo: José Bushatsky, 1980, p. 169.
[265] HUNGRIA, Nelson. *Op. cit.*, v. VII, p. 321; NORONHA, E. Magalhães. *Op. cit.*, v. 2, p. 482; JESUS, Damásio E. *Direito penal*, parte especial, São Paulo: Saraiva, v.II, 1996, p. 433. MIRABETE, Julio Fabbrini. *Manual de direito penal*: parte especial. São Paulo: Atlas, 1997, v. II, p. 350.
[266] HUNGRIA, Nelson. *Op. cit.*, p. 321.

de do crime de receptação, harmoniza-se ao crime de "lavagem de dinheiro". Contudo, o fato de ser punível o autor de crime de receptação, ainda que desconhecido ou isento de pena o autor do crime antecedente, não quer significar que o Código Penal brasileiro de 1940 "estaria admitindo *crime sem culpabilidade*", como registra Cezar Roberto Bitencourt.[267] Para o mesmo autor, os fundamentos adotados pelo Código Penal são outros, ou seja, são aqueles lastreados na "teoria da acessoriedade limitada", que exige apenas a ação típica e antijurídica do autor principal, com a dispensa da culpabilidade, considerada individual, para punir o partícipe. Por outro lado, o ladrão, por exemplo, é considerado menos pernicioso do que o receptador; por isto, o enfraquecimento deste desistimula aquele ao furto, havendo, assim, "a consagração da *teoria da prevenção*".

A maioria da doutrina espanhola entende que o Código Penal daquele país também adota a *teoria da acessoriedade limitada*. Seus defensores, como "Antón Onega, Rodríguez Devesa y Cuelo Calón", observa José Cerezo Mir,[268] "se basaban en lo dispuesto en los artículos 14 y 16 del antiguo Código Penal, donde se hablaba de inducir o cooperar a la ejecución del hecho", isto é, esses autores baseavam-se no disposto nos artigos 14 e 16 do antigo Código Penal, onde se falava de induzir ou cooperar na execução do fato. E para os defensores dessa tese, isto é, da *acessoriedade limitada*, há exigência apenas de que a conduta do autor seja *típica* e *antijurídica*. Registra também Cerezo Mir que o novo Código Penal (Código de 1995),[269] agora em seu art.28, seguiu o mesmo critério do Código Penal anterior. Consigna ainda o mesmo autor que há quem defenda a *teoria da acessoriedade mínima*, como Boldova Pasamar, que entende ser o partícipe responsável e, portanto, punível, ainda que a ação seja típica tão-somente, e que o autor esteja amparado por uma causa de justificação, exceto se também alguma causa de justificação recair sobre o partícipe. A defesa desse entendimento se fundamenta na concepção pessoal do injusto que inspira o Código espanhol e que faz a distinção entre um desvalor da ação e um desvalor do resultado e, por isto, o correto é manter a *acessoriedade mínima*. Tese que Cerezo Mir diz estar correta, porém, faz ressalva ao dizer que, "la conducta del partícipe es lícita no sólo cuando concurre en ella una causa de justificación sino también cuando concurre en autor una causa de justificación y el partícipe lo sabe. Ello se debe a que es necesario

---

[267] BITENCOURT, Cezar Roberto. *Novas penas alternativas*. São Paulo: Saraiva, 1999, p. 56.
[268] MIR, José Cerezo. *Derecho Penal*, parte general (lecciones 26-40). Madrid: Universidad Nacional de Educação a Distância, 1997, p. 145.
[269] CERVINI, Raúl; OLIVEIRA, William Terra de; GOMES, Luiz Flávio. *Op. cit.*, p. 332.

exigir en el partícipe un valor de acción para que esté justificado, igual que para castigarle se exige un desvalor de ação",[270] o que equivale dizer na linguagem pátria que a conduta do partícipe é lícita não só quando concorre nela uma causa de justificação senão quando concorre também para o autor uma causa de justificação e o partícipe sabe, tem conhecimento. Isso se deve a que é necessário exigir do partícipe um valor de ação para que esteja justificada, igual que para castigá-lo se exige um desvalor da ação.

"... es posible una autoría a través de la interposición de un actor que obra conforme a Derecho, esto es, cuando el inductor posee el dominio final del hecto respecto de la realización típica antijurídica, mientras que de lado del actor inmediato existe una causa de justificación".[271]

Cada partícipe é punível conforme sua culpabilidade, sem levar em consideração a culpabilidade de outros. De outro lado, é suficiente que o fato principal seja *típico e antijurídico*, tornando-se desnecessária a *culpabilidade*. "Se habla en este caso de accesoriedad limitada".[272] Porém, a juridicidade tem de ser mantida, porque somente pelo fato típico do autor, torna-se inviável a punibilidade do partícipe que, por exemplo, incita "A" a se defender de "B" de agressão injusta iminente. Neste caso, a morte de "B" estaria justificada pela legítima defesa, que exclui o caráter antijurídico da ação comportamental de "A"; restando tão-somente, por via de conseqüência, a tipicidade do fato, o que torna impossível, até mesmo absurda, a punibilidade do partícipe por ser lícita a ação principal do autor.[273] Desta forma, resta afastada a possibilidade de adoção da teoria da *acessoriedade mínima*.

O nosso Código Penal (art. 29), adota a teoria da *acessoriedade limitada*, à semelhança do Direito Penal alemão, que estabelece punição para cada colaborador, para cada partícipe, à medida de sua culpabilidade, sem levar em consideração a culpabilidade dos demais.[274] Possivelmente tenha sido uma das fontes inspiradoras do

---

[270] MIR, José Cerezo. *Op. cit.*, p. 146.

[271] WELZEL, Hans. *Op. cit.*, p. 125-6. Traduzido para o Português o texto acima transcrito, quer dizer: é possível uma autoria através da interposição de um autor que tem uma conduta conforme o direito, isto é, quando o partícipe tem o domínio final a respeito da realização típica e antijurídica, ainda que de parte do autor imediato existe uma causa de justificação.

[272] Idem, p. 135.

[273] BETTIOL, Giuseppe. *Direito penal*, v. 2. Tradução brasileira por Paulo José da Costa Júnior e Alberto Silva Franco. São Paulo: Revista dos Tribunais, 1971, p. 265.

[274] WELSSELS, Johannes. *Direito penal*, parte geral. Porto Alegre: Sergio Fabris Editor, 1976, p. 125.

legislador brasileiro também para a produção da Lei nº 9.613/98 (a chamada Lei de Lavagem de Dinheiro).

Assim, uma vez existente a relação em face de algumas características comuns com pontos convergentes entre o crime de "lavagem de dinheiro" e o crime de receptação, é que dogmaticamente há permissibilidade para a adoção da mesma teoria da *acessoriedade limitada*, e assim possibilitar o alcance da puniçao também do agente que venha a cometer aquele crime, desde que reste materialmente comprovado o outro crime, isto é, o crime antecedente que lhe deu origem, ou tão-somente a *ação típica e antijurídica*, viabilizada pela aludida teoria supra-exposta.

5.10. CERTEZA DO CRIME ANTECEDENTE: ABSOLVIÇÃO E INIMPUTABILIDADE

Para alguns doutrinadores que concebem o crime sem culpabilidade, isto é, que consideram figura criminosa tão-somente a conduta típica e antijurídica,[275] sem o elemento culpabilidade e, também, para os partidários da *teoria da acessoriedade limitada*, mesmo diante de um decreto absolutório do autor do crime antecedente, em procedimento próprio, não se desconstitui a figura delituosa do tipo diferido, se a decisão absolutória não se alicerçar em consistente contexto probatório que revele categoricamente a inexistência material do fato. Assim, a absolvição do agente fundada em outro motivo não desconstitui o crime do tipo diferido, se tornada certa a tipicidade e antijuridicidade do fato antecedente de onde provém o dinheiro. E assim o é, não tão-somente para o crime de "lavagem de dinheiro", mas também para qualquer crime que tenha uma elementar constituída pelo crime anterior, como o crime de receptação, por exemplo, que no dizer de Nelson Hungria trata-se de "um crime parasitário de outro".[276] E, por isso, em alguns aspectos, o crime de "lavagem de dinheiro" se afeiçoa ao crime de receptação, como já visto. O próprio autor do crime antecedente pode permanecer ignorado, tornando-se também irrelevante a existência de processo criminal acerca do crime antecedente.[277] E ainda que processo tenha sido desencadeado, e absolvido o agente por falta de prova ou, até

---

[275] JESUS, Damásio E. *Op. cit.*, p. 151; COELHO, Walter. *Teoria geral do crime.* Porto Alegre: Sergio Antonio Fabris Editor, 1991, p. 34; DELMANTO, Celso. *Código penal anotado.* Rio de Janeiro: Editora Renovar, 2000, p. 18.

[276] HUNGRIA, Nelson. *Op. cit.*, v. VII, 1980, p. 303.

[277] FRAGOSO, Heleno Cláudio. Op. cit., p. 169.

mesmo, por existir prova que afaste a autoria, não desconstitui o crime de "lavagem de dinheiro". Por outro lado, é também indiferente que o infrator do fato precedente seja ou não penalmente responsável; pode até mesmo ser inimputável pela menoridade penal.[278] Além disso, também não há reflexo algum no crime de "lavagem", a extinção da punibilidade do agente autor do crime anterior. Isto porque, tendo o crime de "lavagem de dinheiro", como requisito específico, o crime precedente, perfeitamente encontra adequação ao disposto na primeira parte do art. 108 do Código Penal. É o mesmo que ocorre com o crime de receptação com relação ao crime antecedente que, embora guarde relação de *acessoriedade* material[279] - por ambos terem a mesma fisionomia neste aspecto –, para efeito de punição, o crime derivado é autônomo, "isto é, alheia-se ao crime *a quo*".[280]

Se houvesse exigência da certeza do crime antecedente lastreada numa condenação, ou se não fosse considerado "crime" por falta do elemento *culpabilidade*, tornar-se-iam praticamente inócuas, sem sentido, as leis que criminalizam a "conduta de lavagem de dinheiro". Isto porque o crime antecedente de maior incidência, pode-se afirmar, é o que envolve tráfico de entorpecentes e drogas afins e, por conseguinte, é o crime que mais envolve número indeterminado de agentes, que agem em grupo e, ao mesmo tempo, separados, formando verdadeiras redes, com a utilização dos mais variados meios de comunicação e métodos sofisticados em intercâmbios nacionais e transnacionais.[281]

Assim, seria tarefa por demais difícil, senão impossível, exigir-se sentença condenatória trânsita em julgado, em função dessa espécie de criminalidade, para se configurar o crime de "lavagem de dinheiro". De outro lado, porém, é de se ressaltar que sem a constatação da *culpabilidade*, a par da *ação típica* e *antijurídica*, não se tem certo o crime antecedente em sua realidade fenomênica, por não satisfazer na sua totalidade as exigências estabelecidas pelo conceito analítico de crime, ou seja, crime como *ação típica, antijurídica e culpável*, o que equivale dizer que sem esse "caracter seqüencial", usando-se a expressão de Francisco Muñoz Conde,[282] não há crime, ainda que não se inclua nessa seqüência a punibilidade, como esse autor inclui.

---

[278] HUNGRIA, Nelson. *Op. cit.*, p. 321.
[279] MIRABETE, Julio Fabrini. *Código penal interpretado*. São Paulo: Atlas, 1999. p. 574.
[280] HUMGRIA, Nelson. *Op. cit*, p. 321.
[281] LEFORT, Victor Manuel Nando. *El lavado de dinero*. México: Editorial Trillas, 1997, p. 10.
[282] CONDE, Francisco Munõz; ARÁN, Mercedez Garcia. Derecho penal, parte general. Valencia: Tirant lo Blanco, 1996, p. 215.

Não se pode desconsiderar também os limites subjetivos da coisa julgada que tem sua eficácia natural, por ser ato de uma autoridade, ou seja, ato de Estado, com validade *erga omnes;* porém, uma vez trânsita em julgado a sentença, a imutabilidade somente ocorre entre as partes, ou seja, não pode o mesmo réu sujeitar-se a outro processo pelo mesmo fato. A *autoridade da coisa julgada* restringe-se às partes, enquanto que a *eficácia natural da sentença penal* age *erga omnes*, não com relação à execução, mas quanto à ação.[283] Entre nós, tanto o autor do crime ou, quando for o caso, o responsável civil poderá ser acionado no cível para o ressarcimento do dano (art. 64 do CPP), o que significa dizer que o terceiro que se achar "juridicamente prejudicado, poderá insurgir-se contra a sentença que perante ele se queira fazer valer, voltando a discuti-la".[284]

Todavia, se a autoridade da coisa julgada restringe-se às partes, não significa que pelo mesmo fato, absolvido o réu, não possa haver processo contra outro. "Enfim: se a pessoa não foi ré no processo, nada impede que contra ela se instaure processo, pelo mesmíssimo fato objeto do processo anterior e que culminou com condenação ou absolvição".[285]

Posta dessa forma a questão da autoridade da coisa julgada, não seria coerente deixar de processar o autor do crime de "lavagem de dinheiro", porque fora absolvido o autor do crime antecedente. O que não pode ocorrer é o réu ser absolvido e novamente processado pelo mesmo fato.

5.10.1. Certeza do crime antecedente: sentença condenatória

Não se pode olvidar que para a segurança absoluta da intervenção penal nos moldes do moderno garantismo penal, não se pode prescindir da comprovação, não só para tornar certo o fato em sua materialidade, mas também a autoria e respectiva culpabilidade, tendo em vista que a Lei de "lavagem de dinheiro" enumera *crimes* antecedentes como pressupostos do crime de "lavagem de dinheiro", cujo tipo é diferido. E crime, na acepção analítica do termo - entendem as doutrinas finalista e não-finalista, especialmente a européia[286] - é a *ação típica, antijurídica e culpável.*

---

[283] GRINOVER, Ada Pellegrini. *Eficácia e autoridade da sentença penal*. São Paulo: Revista dos Tribunais, 1978, p. 44 e 50.

[284] Idem, p. 51.

[285] TOURINHO FILHO, Fernando da Costa. *Processo penal*. São Paulo: Saraiva, 1997, v. IV, p. 282.

[286] BITENCOURT, Cezar Roberto. *Manual de direito penal*. São Paulo: Revista dos Tribunais, 1997, p. 171.

Se esse objetivo não pode ser alcançado, a dogmática jurídico-penal, enquanto ciência, por outro lado, não merece ser arranhada por deficiência da legislação penal produzida sem a sua rigorosa observância. O legislador quando faz referência a crime, quase sempre desconsidera a ação com seus atributos, ou seja, a *ação típica, antijurídica e culpável*. Se outra postura adotasse ele, orientando-se pelos princípios da moderna teoria garantista, atento à dogmática jurídico-penal tradicional, boa e moderna legislação poderia produzir.

Não é suficiente apenas que a legislação seja formalmente perfeita, por observar, ainda que rigorosamente o processo legislativo, e que tenha vigência; é fundamentalmente necessário que não exista, por qualquer motivo, carência dos requisitos de validade ou de constitucionalidade. Assim entendida a legislação, tem-se a justiça interna ou justiça legal, ou seja, aquela justiça que encontra correspondência entre vigência e validade, na esfera de cada ordenamento: a correspondência das leis com respeito à Constituição e das sentenças com respeito às leis.[287]

Será que nos dias de hoje pode o legislador permitir-se produzir leis com o espírito no sentido de que basta, apenas, a descrição de um fato anti-social com a cominação de pena abstratamente exacerbada? No critério seletivo dos fatos socialmente inadequados para a criminalização, preocupar-se apenas com o princípio da legalidade sem se ater a outros relevantes princípios insculpidos na teoria geral do delito, sustentáculo da moderna teoria garantista, significa perder o sentido da coerência, não pela produção formal da norma que pode ter plena vigência, mas pela sua invalidade por contrariar princípios inerentes à liberdade consubstanciados constitucionalmente.[288]

O legislador não pode esperar que a teoria geral do delito e os próprios princípios que sustentam os direitos fundamentais previstos na Constituição venham adequar-se à legislação que produz; quando isso se permite, está-se diante de um inquestionável paradoxo e, por conseguinte, andando na contramão do desenvolvimento histórico da dogmática jurídico-penal. Deve-se pensar e proceder de forma contrária, isto é, deve-se legislar sem desprezo aos postulados da melhor doutrina que mantém interligados os princípios ordenadores do Direito Penal, e não legislar de forma discricionária, infla-

---

[287] FERRAJOLI, Luigi. *Derecho y razón*: teoria del garantismo penal. Madrid: Trotta, 1995, p. 367.

[288] Idem. O direito como sistemas de garantia. In: *O novo em direito e política*. Porto Alegre: Livraria do Advogado, 1997, p. 108.

cionando as tipificações e intensificando, conseqüentemente, o arbítrio seletivo dos órgãos executivos do sistema penal, reforçando-lhes, ainda mais, o pretexto para o exercício de um maior poder controlador,[289] sem estarem apoiados numa base legal consistente.

Assim, ao produzir a Lei nº 9.613/98 o legislador brasileiro criminalizou condutas sujeitas a determinadas condições caracterizadas como crimes antecedentes. Estabeleceu *conditio sine qua non* sem, contudo, ter a sensibilidade de racionalizar os crimes antecedentes que dão sustentação aos crimes de tipos diferidos, dentro daqueles parâmetros estabelecidos pela teoria geral do delito que não concebe crime, na acepção analítica, sem que a ação seja *típica, antijurídica e culpável;* não existe crime se ausente estiver qualquer um desses atributos da ação.

Nesse sentido dogmático em que é concebido o crime, não se aceitar o crime antecedente em sua função básica, como elementar, como condição imprescindível à formalização do crime de "lavagem de dinheiro", com todos os seus demais requisitos, significa grave violação aos princípios da moderna teoria garantista tão bem defendida por Ferrajoli, que têm em sua base de sustentação os axiomas:

"a) nulla poena sine crimine; b) nullum crimen sin lege; c) nullo lex (poenalis) sine necessitate; d) nulla necessitas sine iniuria; e) nulla iniura sine actione; f) nulla actio sine culpa; g) nula culpa sine iudicio; h) nullum iudicium sine accusatione; i) nulla accusatio sine probatione; j) nulla probatio sine defensione."[290]

Nessa perspectiva, da forma como os crimes antecedentes foram colocados para servir de base aos crimes de "lavagem de dinheiro", sem um provimento condenatório do autor do crime antecedente, não há como se obter a certeza necessária à perfeita configuração do crime de tipo diferido, cuja realização somente vai-se verificar ante uma conduta criminosa anterior, revestida de todos os elementos de sua conceituação, nos termos concebidos analiticamente pela dogmática jurídico-penal, através da teoria finalista da ação. Todavia, para que o agente da conduta punível do crime de "lavagem de dinheiro" seja desestimulado à prática dessa espécie de delito, faz-se mister a adoção da teoria da *acessoriedade limitada,* mais a título de prevenção do que de preservação do sistema garantista absoluto, para não inviabilizar o controle social da criminalidade organizada que trilha a passos rápidos numa escala ascendente, como o tráfico de entorpecente, à corrupção e muitas outras condutas típicas e

---

[289] ZAFFARONI, Eugenio Raúl. *Em busca das penas perdidas*: a perda de legitimidade do sistemas penal. Rio de Janeiro: Revan, 1991, p. 26.

[290] FERRAJOLI, Luigi. *Derecho y razón. Op. cit.*, p. 93.

antijurídicas, que devem também ingressar no rol dos chamados crimes antecedentes, já previstos em lei, e assim serem também desestimuladas.

Se pela teoria da *acessoriedade limitada* o partícipe está sujeito à punição, ainda que o autor do fato não esteja revestido das condições necessárias à imposição da pena[291] e, por outro lado, se também pode ser punido o autor do crime de tipo diferido, independentemente da punição do autor do crime antecedente, ou até mesmo do autor da conduta apenas típica e antijurídica, como ocorre com a receptação, pela adoção da teoria da *acessoriedade limitada*, por questão de coerência não se pode prescindir da adequação dessa mesma teoria ao crime de "lavagem de dinheiro", ainda que apenas típica e antijurídica, a conduta de onde provém o dinheiro "sujo" e depois "lavado", o que não significa a admissão de crime sem culpabilidade.

---

[291] WELZEL, Hans. *Op. cit.*, p. 137.

Capítulo VI

Análise crítica sobre aspectos materiais e formais da legislação penal brasileira de "lavagem de dinheiro"

6.1. MODERNIZAÇÃO DAS LEIS PENAIS?

Na dogmática jurídica não se pode dar o adequado tratamento de forma absoluta, assim como é dado a certos temas relacionados às ciências exatas. O Direito não pode permanecer estático diante do constante evoluir social. O Estado tem de estar atento às tranformações sociais, em todos os seus aspectos, se quiser manter o controle harmonioso dessa evolução. Mecanismos próprios e eficazes devem ser perseguidos para que sejam preservadas as garantias individuais e sociais insculpidas na Constituição. Mas somente quando efetivamente constatada a inadequação do Direito extrapenal aos acontecimentos tidos como anti-sociais, de relevância indiscutível, é que deve haver a intervenção penal. Assim, a atuação do Direito Penal é meio eficaz para combater os grandes males que emergem com a precipitação dos fatos sociais, mas não como *prima ratio;* ao contrário, é o princípio da *intervenção mínima,* também conhecido como *utlima ratio* que deve orientar e limitar "o poder incriminador do Estado, preconizando que a criminalização de uma conduta só se legitima se constituir meio necessário para a proteção de determinado bem jurídico".[292]

A legislação penal brasileira não acompanhou o desenvolvimento social em todas as suas mazelas. A elaboração de uma nova Parte Especial do Código Penal, com a respectiva aprovação pelo Congresso Nacional que venha a ocupar espaços vazios ou mal ocupados por legislação especial, passou a ser prioritária. No entanto, não se trata de tarefa fácil pela complexidade que se apresenta.

---
[292] BITENCOURT, Cezar Roberto. *Op. cit.*, p. 35.

Em alguns aspectos de maior relevância no contexto da legislação penal brasileira urge que haja uma reformulação. As críticas a essa legislação não faltam, e com sobradas razões, em função da ineficiência já revelada; o que tem contribuído para influenciar a mídia e a sociedade de um modo geral a bradarem pelo advento de uma rigorosa legislação penal com penas exacerbadas para ocupar esses espaços vazios. Com isso, alguns políticos, valendo-se dessa oportunidade,[293] conseguem transformar em leis, projetos que muito mais servem para estimular a criminalidade, por serem muitas vezes inaplicáveis, do que para solucionar conflitos dessa ordem. Leis penais rigorosas são elaboradas sem qualquer observância de critérios de seleção, com penas inadequadas para determinadas condutas, exacerbadas de forma desproporcional à infração.

A Lei dos Crimes Hediondos e o Estatuto da Criança e do Adolescente são exemplos que não devem ser seguidos, tendo em vista a alteração que, conjugadamente, ensejaram à redação atual dos artigos 213 e 214 e respectivos parágrafos do Código Penal, cominando pena mais branda para os crimes de estupro e de atentado violento ao pudor, quando a vítima for criança menor de 14 anos.[294] A Lei nº 9.613/98 também é outro exemplo que mais prima pelos erros do que pelos acertos, criminalizando, inclusive determinadas condutas de "lavagem" sem que haja o tipo legal antecedente devidamente estruturado para apoiá-las.[295] Assim, como o Direito não mais deriva da moral e nem se encontra na natureza, mas sim é feito e imposto pelo homem e como o homem o quer, há que serem observados os aspectos que caracterizam sua validade, que justificam a sua existência. A "regulação jurídica do próprio Direito Positivo, não só quanto às formas de produção, mas também quanto aos conteúdos produzidos",[296] talvez seja a conquista mais importante do Direito contemporâneo na estrutura da legalidade.

Não se reformula o Direito Penal, portanto, apenas positivando normas de comportamentos sem qualquer conteúdo que esteja em consonância com os valores ético-políticos, de igualdade, de dignidade, enfim, de todos aqueles direitos fundamentais, indisponíveis do cidadão.

---

[293] TOLEDO, Francisco de Assis. *Modernização das leis penais*. In: PENTEADO, Jacques Camargo (Org.). *Justiça penal*. São Paulo: Revista dos Tribunais, 1995, p. 201.

[294] Id. ibid.

[295] BARROS, Marco Antonio de. *Op. cit.*, p. 14 e 28; CERVINI, Raúl; OLIVEIRA, William Terra de; GOMES, Luiz Flávio. *Op. cit.*, p. 330.

[296] FERRAJOLI, Luigi. O direito como sistemas de garantia. In: *O novo em direito e política*. Porto Alegre: Livraria do Advogado, 1997, p. 93-4.

Novas leis penais devem ser criadas, outras devem ser reformuladas, como a Parte Especial do Código Penal, porém não sem antes serem debatidos, discutidos amplamente de forma criteriosa, paulatina, os bons projetos seletivos de condutas anti-sociais que venham efetivamente adequar-se à realidade social brasileira e, assim, serem transformados em leis que venham suprir as lacunas existentes. Ouve-se muito falar em reforma, e muito se tem esperado por uma produção legislativa que se possa denominar de lei na acepção técnico-jurídica do termo; no entanto o que se vê muitas vezes são textos legislativos sem as feições de leis, porque não apoiados sobre os princípios garantistas. O legislador penal, alerta Ferrajoli,[297] não tem o poder de dispor ou de predeterminar proibições, penas e juízos quando e como quiser; senão somente quando a teor dos princípios garantistas, enunciados pela Constituição, concorrerem às condições necessárias para a elaboração da norma.

Uma moderna legislação é necessária, porém, há que ser elaborada segundo os parâmetros constitucionais e assentada nos mais justos critérios seletivos, sem atender interesses pessoais ou de grupos, apenas, frustrando o interesse social. Como bem registra Francisco de Assis Toledo:

"Não serão, porém, leis isoladas, complementares ao Código, mas leis que, paulatinamente, irão introduzindo, segundo ordem de prioridade, as alterações necessárias no próprio Código Penal, através de acréscimos, cortes e nova redação de artigos e parágrafos".[298]

Só assim poderá ser evitado esse amontoado de leis esparsas que mais se prestam para complicar do que para solucionar conflitos na ordem penal.

6.2. A DEPENDÊNCIA ABSOLUTA DOS CRIMES DE "LAVAGEM DE DINHEIRO"

Os crimes básicos tidos como antecedentes estão relacionados no art. 1º, incisos de I a VII, da Lei nº 9.613/98, os quais integram os crimes de "lavagem de dinheiro" tipificados no *caput* desse mesmo artigo e em seus respectivos §§ 1º, inciso I e II, e 2º, incisos I, II e III.

---

[297] FERRAJOLI, Luigi. *Derecho y razón. Op. cit.*, p. 696.
[298] TOLEDO, Francisco de Assis. *Op. cit.*, p. 202.

Os verbos tipos das figuras delitivas de "lavagem de dinheiro", previstos no *caput* do art. 1º, consistentes em *ocultar* ou *dissimular* a natureza, origem, localização, disposição, movimentação ou propriedade de bens, direitos ou valores provenientes, direta ou indiretamente dos crimes que se encontram elencados nos incisos I a VII, ao mesmo tempo em que são autônomos - com tipificidade, antijuridicidade e culpabilidade próprias e pena específica – não sendo também o autor considerado co-autor ou partícipe do crime antecedente[299] - há relação de absoluta dependência; isto é, somente se poderá considerar crime, a conduta típica de "lavagem de dinheiro", se o produto for proveniente do crime anterior, uma vez que o "elemento tipo" deste tem de se subsumir na descrição típica daquele, por se tratar de uma elementar. Daí é que se pode afirmar que a inexistência de crime antecedente ou a incerteza quanto ao *nomem juris* pelo qual possa ser identificado, na enumeração taxativa constante do art.1º, incisos de I a VII, afasta qualquer possibilidade de existência do tipo de crime diferido.

6.3. CRIMES ANTECEDENTES CLASSIFICADOS COMO ELEMENTARES DO TIPO DIFERIDO

O art. 1º, incisos I a VII, da Lei nº 9.613/98 ao mesmo tempo em que relaciona taxativamente os crimes antecedentes, classifica-os como elementares dos tipos diferidos, ainda que neste sentido não se tenha apercebido o legislador; e, nesta condição, a norma, além de vigente (existente) - despida de qualquer vício formal - deve também estar revestida de validade, isto é, não poderá estar impregnada por qualquer vício de ordem material; o que significa dizer que não poderá estar em contradição com normas hierarquicamente superiores, fundamentalmente a norma constitucional,[300] em função dos valores que devem ser respeitados, como a igualdade, a liberdade e as garantias dos direitos individuais e coletivos. Há também que ser eficaz a norma, ou seja, terá de ser observada por todos os destinatários e aplicadas pelos órgãos competentes[301] – Poder Judiciário.

---

[299] INESTA, Diego J. Gómez. *El delito de blanqueo de capitales en el derecho espanõl*. Barcelona: Cedecs Derecho Penal, 1996, p. 62.

[300] FERRAJOLI, Luigi. *O direito como sistemas de garantia*. Op. cit., p. 96.

[301] CADEMARTORI, Sérgio. *Estado de direito e legitimidade* – uma abordagem garantista. Porto Alegre: Livraria do Advogado, 1999, p. 80.

6.3.1. Tráfico ilícito de substâncias entorpecentes ou drogas afins (art.1º, I)

O inciso I do art. 1º, ao estabelecer como crime antecedente o tráfico ilícito de substâncias entorpecentes ou drogas afins, está referindo-se como elementar os crimes previstos nos arts. 12, 13 e 14, combinados com o art. 36, todos da Lei nº 6.368, de 21 de outubro de 1976. Se a conduta do agente consistir em "lavagem de dinheiro" que tenha origem em substância entorpecente ou drogas afins que não esteja especificada em lei e nem relacionada pelo Serviço Nacional de Fiscalização da Medicina e Farmácia, do Ministério da Saúde, conforme determina o art. 36 da Lei nº 6.368/76, não se configurará o tipo diferido.

Há que se observar que o art. 1º, I, da Lei nº 9.613/98, especifica o "tráfico ilícito de substâncias entorpecentes ou *drogas afins*, como crime antecedente". No entanto, a Lei nº 6.368/76, embora descreva várias condutas típicas alternativas dos chamados crimes de "tóxico", não há a expressão "drogas afins", integrando o tipo. Há referência, apenas, a "substância entorpecente ou que determine dependência física ou psíquica" (arts. 12 e 13 e 36). Já a Lei nº 8.072, de 25 de julho de 1990 (a chamada Lei dos Crimes Hediondos), em seu art. 2º, faz referência a "drogas afins"; porém, não está tipificando crime algum com essa expressão, uma vez que está colocada ao lado de "tráfico ilícito de entorpecentes", de forma imprópria, para enfatizar a insuscetibilidade de concessão de liberdade ao infrator, e não tornando mais abrangente os crimes de tóxico, embora haja entendimento neste sentido,[302] ressalvada, evidentemente, a hipótese de tais "drogas afins" serem consideradas substâncias causadoras de dependência física ou psíquica, nos termos do art. 36 da Lei de Tóxico, o que em nada vem a alterar a expressão "substância entorpecente ou que determine dependência física ou psíquica", integrante da descrição típica dos arts.12 e 13 da Lei nº 6.368/76. O art. 5º, XLIII, da Constituição Federal também especifica "drogas afins" como crime; no entanto assim não há como se considerar porque ainda não descrito em lei infraconstitucional.

6.3.2. Crime de terrorismo (art. 1º, II)

Não há na legislação brasileira crime de terrorismo com essa tipificação infraconstitucional, como já visto no Capítulo IV, 4.4.1.1. Na Constituição Federal, em seu art. 5º, inciso XLIII, consta expressamente o crime de "terrorismo", dentre outros, com a observação,

---
[302] MONTEIRO, Antonio Lopes. *Crimes hediondos*. São Paulo: Saraiva, 1996, p. 83.

apenas, de ser insuscetível de fiança e de graça ou anistia; mas com este *nomem juris* não existe, nem mesmo na Lei nº 7.170, de 14 de dezembro de 1983 - a conhecida Lei de Segurança Nacional. A Lei nº 8.072, de 25 de julho de 1990 (Lei dos Crimes Hediondos), embora o seu art.2º faça referência ao "terrorismo" como crime insuscetível de "anistia", "graça" e "indulto", na realidade trata-se de mera alusão a um "crime" que ainda não existe em nosso ordenamento jurídico-penal, ou como observa William Terra de Oliveira, "... enquanto figura penal, ainda é carecedor de tratamento jurídico específico em nosso país por parte do legislador".[303]

A inexistência de tipificação específica do "crime de terrorismo", impossibilita a estrutura típica diferida prevista na Lei nº 9.613/98, porque em se tratando de elementar ou elemento essencial deste, não pode ser cancelado o princípio da legalidade ou reserva legal. Há um "vazio legal" ou, como bem observa Marco Antonio de Barros "... deparamo-nos aqui com o que a doutrina chama de 'lacuna autêntica', ou seja, aquela que se dá quando a lei não apresenta uma resposta, quando a partir dela uma solução não pode ser encontrada".[304]

6.3.3. Crime de contrabando ou tráfico de armas, munições ou material destinado a sua produção (art. 1º, III)

Também é de duvidosa tipificação esse aludido "crime de contrabando ou tráfico de armas, munições ou material destinado a sua produção", como crime antecedente. Ainda que implicitamente esteja subentendido na descrição do art. 334 do Código Penal, consistente em "importar ou exportar mercadoria proibida ...", com o *nomem juris* "contrabando ou descaminho", este dispositivo não especifica em seu contexto, o real tipo por meio do qual se possa identificar com clareza o crime antecedente, exigido para a configuração do crime diferido, uma vez que não especifica qual o tipo de arma que deva ser considerada para esse fim, e nem define também se "arma" se insere no contexto de "produtos proibidos" à exportação e importação. Por outro lado, o disposto no art. 12 da Lei nº 7.170, de 14 de dezembro de 1983 (Lei de Segurança Nacional), ou seja, "Importar ou introduzir, no território nacional, por qualquer forma, sem autorização da autoridade federal competente, armamento ou material privativo das Forças Armadas" também não reflete uma figura típica capaz de se amoldar com suficiente clareza ao disposto

---

[303] CERVINI, Raúl; OLIVEIRA, William Terra de; GOMES, Luiz Flávio. *Op. cit.*, p. 330.

[304] BARROS, Marco Antonio de. *Op. cit.*, p. 14.

no inciso III do art. 1º da Lei nº 9.613/98, uma vez que o termo "arma" está colocado num sentido genérico. Também a Lei nº 9.437, de 20 de fevereiro de 1997, que "Institui o Sistema Nacional de Armas – SINARM – estabelece condições para o registro e para o porte de arma de fogo, define crimes e dá outras providências", não traz uma descrição típica capaz de se ajustar claramente ao disposto no art. 1º, inciso III, da Lei nº 9.613/98. A doutrina nacional, ainda que incipiente, tem aceito, no entanto, como pertinente a adequação das disposição do art. 334 do Código Penal e das Leis supra-aludidas, aos termos do inciso III, do art. 1º da Lei nº 9.613/98.[305] É de se ressaltar, todavia, que o aludido crime do art.334 está também arrolado no inciso V do art. 1º dessa mesma Lei, ainda que não de forma explícita, como sendo um daqueles crimes antecedentes enumerados no Capítulo II do Título XI da Parte Especial do Código Penal, ou seja, trata-se de crime contra a Administração Pública.

6.3.4. Crime de extorsão mediante seqüestro (art. 1º, IV)

O crime de extorsão mediante seqüestro está tipificado no art. 159 do Código Penal. A descrição típica revela em si a obtenção de vantagem proveniente do seqüestro de qualquer pessoa, "como condição ou preço do resgate". Obviamente que o produto obtido em função do seqüestro é ilícito e, por conseguinte, ilicitamente o agente terá aumento em seu patrimônio. Assim, se houver ocultação ou dissimulação quanto à natureza, origem, localização, disposição ou propriedade de bens, direitos ou valores provenientes de crime de seqüestro, nas condições exigidas pelo art. 159 do Código Penal, caracteriza a figura delituosa a que alude o inciso IV do art. 1º da Lei nº 9.613/98.

Necessário se faz, como os demais crimes antecedentes, haja a certeza do crime de extorsão mediante seqüestro para a implementação do tipo diferido mediante a ocultação ou dissimulação pelo próprio seqüestrador ou por qualquer outra pessoa, do produto advindo do seqüestro.

O crime de extorsão mediante seqüestro integra a relação de crimes hediondos constantes do art. 1º (inciso IV) da Lei nº 8.072/90. No entanto, o crime de extorsão previsto no art. 158 do Código Penal, embora tenha como fim a obtenção de vantagem econômica, não serve de elementar para o crime de "lavagem de dinheiro", por não se adequar a nehuma das hipóteses de crime antecedente rela-

---

[305] CERVINI, Raúl; OLIVEIRA, William Terra de; GOMES, Luiz Flávio. *Op. cit.*, p. 331. BARROS, Marco Antonio de. *Op. cit.*, p. 17.

cionadas na Lei nº 9.613/98, uma vez que ausente o requisito "seqüestro".

Embora seja a extorsão mediante seqüestro crime contra o patrimônio, pela descrição típica é notória também a tutela da liberdade, da incolumidade da pessoa e, também, da própria vida, quando o crime for qualificado (art. 159, §§ 2º e 3º do Código Penal). O tipo diferido, ou seja, o crime de "lavagem de dinheiro" proveniente dessa espécie de delito antecedente, atinge a segurança da ordem econômico-financeira, ainda que se circunscreva, apenas, às fronteiras do país, ou seja, ainda que não se caracterize como crime transnacional, em determinadas situações.[306]

6.3.5. Crime contra a administração pública (art. 1º, V)

O legislador, ao enumerar o crime "contra a Administração Pública" como crime antecedente, incluindo, também "a exigência, para si ou para outrem, direta ou indiretamente, de qualquer vantagem, como condição ou preço para a prática ou omissão de atos administrativos", ainda que não de forma clara, refere-se a todos os crimes previstos no Título XI da Parte Especial do Código Penal, ou seja, considera todos os crimes previstos nos arts. 312 a 359, inclusive crimes contra a Administração Pública previstos em lei especial.[307]

O legislador foi por demais genérico ao selecionar dessa forma crimes antecedentes, uma vez que nem sempre desses crimes poderão advir vantagem de ordem econômica, como os crimes de "violência arbitrária" e de "abandono de função", praticados por funcionário público (arts. 322 e 323 do CP). Também existem crimes praticados por particular contra a Administração Pública, que não resultam lucro patrimonial, como os crimes de resistência (art. 329 do CP); de desobediência (art. 330 do CP) e de desacato (art. 331 do CP).

A Lei nº 8.666, de 21 de junho de 1993 (Lei de Licitações e Contratos da Administração Pública), também seleciona em seu texto (arts. 89 a 98) vários crimes contra a Administração Pública, que podem ensejar o aumento ilícito do patrimônio do infrator e, por conseguinte, ser objeto de "lavagem" e, assim, vir a configurar o tipo diferido previsto no art. 1º da Lei nº 9.613/98.

A vantagem proveniente de crime contra a Administração Pública pode acarretar o enriquecimento ilícito não só do funcionário público como também do particular, quando este for beneficiado economicamente; daí por que ambos poderão ser sujeitos ativos do crime de "lavagem de dinheiro".

---

[306] BARROS, Marco Antonio de. *Op. cit.*, p. 18.
[307] Idem, p. 19 e 122.

6.3.6. Crime contra o sistema financeiro nacional (art. 1º, VI)

Crimes contra o sistema financeiro nacional considerados como antecedentes do crime de "lavagem de dinheiro" são aqueles previstos na Lei nº 7.492/86.

O crime de "lavagem de dinheiro" previsto na Lei nº 9.613/98, que se estrutura tipicamente com a figura delituosa prevista em seu art.1º. inciso VI, visa à preservação, à segurança, à tutela do sistema financeiro nacional.[308] Apesar de relevante a seleção feita pelo legislador dos crimes contra o sistema financeiro nacional, que constituem os crimes antecedentes como elemento essencial ou elementar do crime de "lavagem de dinheiro", previstos na Lei nº 7.492, de 16 de junho de 1986, não é satisfatória; não deveria ter omitido "outras ordens de delitos afins, como o abuso do poder econômico ou aqueles que atingem a economia popular ou a livre concorrência", como bem anota William Terra de Oliveira,[309] por também se tratar de crimes capazes de gerar riqueza ilícita com grandes probabilidades de lesão à ordem econômico-financeira, que deve ser preservada dos constantes ataques de especuladores inescrupulosos que geram a chamada economia subterrânea, produzindo efeitos negativos. Essa espécie de economia tem como característica principal a circulação de capital à margem das regras estabelecidas pelo Estado, regulamentadoras do sistema financeiro nacional, bem como no que diz respeito à evasão fiscal até pela impossibilidade de manter um controle contábil[310] e, também, à evasão do próprio dinheiro lavado para os chamados paraísos fiscais.

Qualquer uma das figuras delituosas tipificadas na Lei nº 7.492/86 que na realidade venha a gerar bens, direitos ou valores, serve de base e integra como elemento essencial, como elementar, a figura típica, em qualquer de suas formas, prevista na Lei nº 9.613/98.

6.3.7. Crime praticado por organização criminosa (art. 1º, VII)

Ainda não há definição aceitável para "organização criminosa" que seja capaz de possibilitar a identificação de organização desse gênero suficiente à imputação de comportamento socialmente inadequado descrito na lei penal como crime.

Embora tenha pretendido o legislador brasileiro definir crime praticado por organização criminosa com a Lei nº 9.034, de 3 de maio de 1995, na realidade não conseguiu satisfazer esse desiderato, con-

---

[308] BARROS, Marco Antonio de. *Op. cit.*, p. 24.
[309] CERVINI, Raúl; OLIVEIRA, William Terra de; GOMES, Luiz Flávio. *Op. cit.*, p. 331.
[310] LEFORT, Victor Manuel Nando. *Op. cit.*, p. 14.

forme já visto no Capítulo IV, item 4.4.1.2. Essa Lei em seu preâmbulo "... Dispõe sobre a utilização de meios operacionais para a prevenção e repressão de ações praticadas por organizações criminosas" e, também, em seu texto, faz referência à organização criminosa, porém, não vai além, ou seja, não a define; "ficou muito distante desse ideal", como bem registra Luiz Flávio Gomes.[311]

Crime organizado pode ser considerado somente aquele praticado por determinada organização criminosa, mas antes há que se chegar a uma definição legal dessa espécie de organização, o que possa ser entendida como organização criminosa.[312]

O crime de quadrilha ou bando previsto no art. 288 do Código Penal não se ajusta aos termos de organização criminosa. Somente a conduta típica realizada por organização criminosa constituída e caracterizada na lei como tal é que pode ser tida como o crime aludido no art. 1º, inciso VII da Lei nº 9.613/98, enquanto o crime de quadrilha ou bando tem por fim "associarem-se mais de 3 (três) pessoas, em quadrilha ou bando, para o fim de cometer crimes". Assim, a própria associação de pessoas (mais de três), ainda que haja integrante inimputável para completar o número mínimo (quatro pessoas), tipifica o crime de quadrilha ou bando, ainda que crime não cometa.[313] Associação dessa espécie, com fim ilícito, por evidente, encontra vedação de ordem constitucional; o art. 5º, XVII, da Constituição Federal só admite associação quando os fins forem lícitos.

É certo que a associação a que alude o art. 288 do Código Penal poderá cometer crime; aliás esse é o fim a que ela se destina, no entanto, seria demasiado forçar uma interpretação de forma a caracterizá-la como organização criminosa; seria o mesmo que se admitir "organização criminosa" como sinônimo de "bando ou quadrilha". "O conceito de organização criminosa é muito mais amplo e mais sofisticado que o de quadrilha ou bando; criminologicamente são inconfundíveis e seria um crasso equívoco iguala-los ...".[314]

Trata-se, assim, o "crime praticado por organização criminosa", de uma figura inócua existente na Lei nº 9.613/98. Sem uma legislação que defina o que seja organização criminosa, não há como se conceber crime praticado por organização dessa ordem. Inegavelmente existe organização criminosa, mas sem uma legislação que a

---

[311] GOMES, Luiz Flávio; CERVINI, Raúl. *Crime organizado*. São Paulo: Revista dos Tribunais, 1997, p. 85.

[312] Idem, p. 92.

[313] PRADO, Luiz Regis; BITENCOURT, Cezar Roberto. *Código penal anotado e legislação complementar*. São Paulo: Revista dos Tribunais, 1997, p. 850.

[314] GOMES, Luiz Flávio; CERVINI, Raúl. *Op. cit.*, p. 101.

discipline, que dê a sua efetiva identidade, não pode haver repressão por parte dos órgãos estatais.[315]

Há que se observar, por outro lado, que não pode ser *qualquer crime* praticado por organização criminosa, mas tão-somente aqueles crimes taxativamente enumerados nos incisos I, III, IV, V e VI do art. 1º da Lei nº 9.613/98, com a exclusão do inciso II em face da inexistência também de crime de terrorismo, como já visto acima, item 3.2 deste Capítulo.

6.4. OUTROS CRIMES DERIVADOS DOS CRIMES ANTECEDENTES (art. 1º, § 1º, I, II e III)

Diz o § 1º do art. 1º da Lei nº 9.613/98, que,

"incorre na mesma pena quem, para ocultar ou dissimular a utilização de bens, direitos ou valores provenientes de qualquer dos crimes antecedentes referidos neste artigo: I - os converte em ativos lícitos; II - os adquire, recebe, troca, negocia, dá ou recebe em garantia, guarda, tem em depósito, movimenta ou transfere; III - importa ou exporta bens com valores não correspondentes aos verdadeiros".

6.4.1. Conversão em ativo ilícito (art. 1º, § 1º, I)

A conversão de ativo ilícito em ativo aparentemente lícito tem sido feita por vários meios, inclusive aplicação no sistema financeiro, com certa facilidade, em face da inexistência de um maior controle sobre operações envolvendo, por vezes, altas somas de dinheiro.

Para tipificar a conduta criminosa de "conversão em ativo lícito" para ocultar ou dissimular a utilização de bens, direitos ou valores provenientes de qualquer dos crimes antecedentes, mister se faz que o agente conheça a procedência criminosa e que tenha, também, a intenção, o objetivo, de "ocultar ou dissimular" o produto,[316] que lhe possa assegurar a *"disponibilidade* e fruição, bem como a *impunidade"*.[317]

Outro meio bastante utilizado para a conversão de ativo ilícito em ativo lícito é a compra e venda de bens imóveis. Um imóvel, por exemplo, é adquirido com parte do dinheiro ilícito e depois vendido

---

[315] BARROS, Marco Antonio de. *Op. cit.*, p. 30-1.

[316] BARROS, Marco Antonio de. *Op. cit.*, p. 39. CERVINI, Raúl; OLIVEIRA, William Terra de; GOMES, Luiz Flávio. *Op. cit.*, p. 336.

[317] CERVINI, Raúl; OLIVEIRA, William Terra de; GOMES, Luiz Flávio. *Op. cit.*, p. 335.

por preço bem mais elevado a outra pessoa, com sonegação na escritura do real valor do bem, passando, assim, o ativo a ter aparência lícita. Outro meio muito utilizado também é a aquisição de empresas que não estão produzindo, para criar a ilusão de que o dinheiro proveniente de atividade ilícita é, na realidade, lucros advindos de atividade lícita.[318]

Todos aqueles que entram em atividade para fazer a conversão do ativo ilícito em ativo lícito, incorrem nas mesmas penas do crime de "lavagem de dinheiro" previsto no art. 1º, *caput*, da Lei nº 9.613/98; porém, o agente que faz a conversão deve agir com o fim de *ocultar ou dissimular* a utilização de bens, direitos ou valores provenientes de qualquer dos crimes antecedentes. Nesta hipótese o agente faz a conversão para "ocultar ou dissimular" a utilização do produto proveniente do crime antecedente. Situação que é diferente do *caput* do art.1º em que o agente oculta ou dissimula "a natureza, origem, localização, disposição, movimentação ou propriedade de bens, direito ou valores provenientes, direta ou indiretamente" dos crimes que o próprio dispositivo enumera como antecedentes. Como bem observa Marco Antonio de BARROS,[319] no *caput* do art.1º tem-se a forma clássica de "lavagem de dinheiro"; enquanto que o seu § 1º prevê a punição de "condutas laterais que colaboram com a *lavagem*".

6.4.2. Adquirir, receber, trocar, negociar, dar ou receber em garantia, guardar, ter em depósito, movimentar ou transferir, para ocultar ou dissimular a utilização de bens, direitos ou valores advindos de crimes antecedentes (art.1º, § 1º, II)

O agente que realiza o tipo nas condições previstas no inciso II do § 1º do art. 1º da Lei nº 9.613/98, pratica verdadeiro crime de receptação[320] num sentido mais restrito, tendo em vista que limitado aos "bens, direitos ou valores" que forem provenientes de crimes antecedentes, e não de *qualquer crime*.

A conduta é punível quando o agente emplempla a figura típica, tanto em proveito próprio como na forma de prestação de auxílio a terceiros para assegurar as vantagens materialmente obtidas com o crime antecedente, obstaculizando a *persecutio criminis*; afeiçoando-se assim, naquela primeira hipótese, o crime de receptação e, nesta última, pode caracterizar-se o crime de favorecimento

---

[318] LEFORT, Victor Manuel Nando. *Op. cit.*, p. 75.

[319] BARROS, Marco Antonio de. *Op. cit.*, p. 40.

[320] Idem, p. 41.

real[321] descrito no art. 349 do Código Penal, desde que tenha por fim prestar ao delinqüente, fora dos casos de co-autoria ou de receptação, auxílio destinado a tornar seguro o proveito do crime.[322]

6.4.3. Importar ou exportar bens com valores não correspondentes aos verdadeiros, para ocultar ou dissimular a utilização de bens, direitos ou valores provenientes de qualquer dos crimes antecedentes (art.1º, § 1º, III)

A exportação ou importação de produtos com valores irreais é uma outra forma usual de "lavagem de dinheiro" e, por isso, é punível também essa conduta com a mesma pena prevista para os crimes elencados no *caput* do art.1º da Lei nº 9.613/98.

O agente tanto pode exportar como importar bens com valores que não correspondam à realidade, ou seja, bens com valores significativamente superiores ao praticado no mercado, cuja diferença é introduzida no sistema econômico-financeiro nacional como dinheiro lavado, com a aparência de dinheiro obtido por meio lícito.

A exportação ou importação levada a efeito pode ser de qualquer bem; porém, mister se faz que, além dos valores da operação terem de ser irreais, deve o agente, em sua conduta, ter o propósito, o objetivo de *ocultar ou dissimular a utilização de bens, direitos ou valores de qualquer dos crimes antecedentes*. A operação visa ao acobertamento desse capital obtido ilicitamente para ser introjetado no sistema econômico-financeiro nacional, "com aparência de licitude".[323]

6.5. QUEM ESTÁ SUJEITO ÀS MESMAS PENAS PREVISTAS NO ART. 1º DA LEI Nº 9.613/98?

6.5.1. Quem utiliza bens, direitos ou valores, na atividade econômico-financeira, sabendo serem provenientes de qualquer dos crimes antecedentes, conforme dispõe o § 2º, inciso I, incorre nas mesmas penas de reclusão de três a dez anos e multa, previstas no art. 1º da mesma Lei nº 9.613/98

A realização do verbo tipo da figura delitiva consistente em "utilizar" na atividade econômica ou financeira, bens, direitos ou

---
[321] CERVINI, Raúl; OLIVEIRA, William Terra de; GOMES, Luiz Flávio. *Op. cit.*,. p. 335.
[322] ADRIASOLA, Gabriel. . *Op. cit.*, p. 26.
[323] BARROS, Marco Antonio de. *Op. cit.*, p. 42.

valores que sabe serem provenientes de qualquer dos crimes antecedentes, ainda que por via indireta há a "lavagem de dinheiro", porque se trata de capital de origem ilícita aplicado em atividade econômica ou financeira e, no decurso do tempo, a atividade, ainda que com produtividade fictícia, gera lucro também fictício, restando, finalmente, um capital com aparência lícita. A figura típica tem por fim impedir que "bens, direitos ou valores" obtidos ilicitamente, tenham normal circulação na esfera da atividade econômica ou financeira, com os conseqüentes efeitos negativos.[324]

Para que haja a configuração do crime de "lavagem de dinheiro" com essas características, há exigência de que o agente "sabe" que os *bens, direitos ou valores* sejam provenientes dos crimes antecedentes arrolados no art.1º da Lei nº 9.613/98. E o vocábulo "sabe" induz à conclusão de que se trata de tipo de dolo. Há, assim, não só que tornar certa a existência do crime antecedente, como também certeza deve haver de que o agente "sabia" tratar-se de *bens, direitos e valores* provenientes de qualquer dos crimes antecedentes e, mesmo assim, os utiliza na atividade econômica, visando ao interesse próprio ou alheio.[325]

O objetivo do agente é o de utilizar o capital ilícito na atividade econômica que exerce, e não o de ocultar ou dissimular a sua origem. Essa também é a perspectiva na qual se apoia o "Direito francês", fonte inspiradora do legislador brasileiro.[326]

6.5.2. Quem participa de grupo, associação ou escritório tendo conhecimento de que sua atividade principal ou secundária é dirigida à prática de crimes previstos na Lei nº 9.613/98 (art.1º, § 2º, II), também incorre nas mesmas penas de reclusão de três a dez anos e multa

Participar tão-somente de grupo, associação ou escritório que tenha por fim atividade criminosa, quer se trate de atividade principal ou secundária, desde que seja do conhecimento do agente, segundo o dispositivo legal, é suficiente para a realização do tipo penal. Trata-se de uma figura típica "derivada de uma forma especial de participação, ou, por assim dizer, da ampliação do conceito de autoria".[327]

Por ser a figura típica descrita de forma a caracterizar somente a "participação", esta é considerada como conduta típica punível

---

[324] CERVINI, Raúl; OLIVEIRA, William Terra de; GOMES, Luiz Flávio. *Op. cit.*, p. 337.
[325] Idem, p. 336.
[326] BARROS, Marco Antonio de. *Op. cit.*, p. 42.
[327] CERVINI, Raúl; OLIVEIRA, William Terra de; GOMES, Luiz Flávio. *Op. cit.*, p. 337.

com o simples fato de participar, sabendo o agente que o grupo, associação ou escritório têm sua atividade principal ou secundária dirigida à prática de crimes previstos na Lei nº 9.613/98; ficando afastada, assim, a possibilidade de se configurar de forma isolada a autoria do agente que apenas "participa". Nesse particular, a lei brasileira imitou grosseiramente a legislação italiana, que pune o agente tão-somente pela participação em organização mafiosa, com pena de reclusão de três a seis anos, com a previsão de aumento de quatro a dez anos se a organização for armada, e de um terço até a metade se as atividades econômicas, cujo controle mantido pelos associados, for financiado, "no todo ou em parte, pelo preço, produto ou proveito dos crimes".[328]

O legislador brasileiro situou o partícipe no mesmo patamar do autor ou co-autor, desconsiderando o princípio da isonomia ao cominar a mesma pena de três a dez anos de reclusão e multa, previstas no *caput* do art. 1º da Lei nº 9.613/98. E a gravidade dessa punição tão exacerbada intensifica-se mais ainda com a omissão do legislador em não levar em consideração expressa o disposto no art. 29, § 1º, do Código Penal, imprescindível à dosagem da pena, que permite a redução de um sexto a um terço;[329] tornando-se necessário, assim, que o Juiz, em seu subjetivismo, ao aplicar a pena ao caso concreto, valha-se desse dispositivo para reduzi-la, a fim de que não tenha o partícipe o mesmo tratamento dispensado ao autor ou co-autor, que também não deixa de ser censurável pela exagerada exacerbação da pena.

Da forma como foi estabelecida a descrição do tipo no inciso II do § 2º do art. 1º da Lei nº 9.613/98, é de improvável tipicidade concreta, uma vez que se faz mister tornar certa, não apenas a existência de um grupo, associação ou escritório, como também de uma mínima estabilidade e com programa destinado ao cometimento de número indeterminado de crimes previstos na lei (Lei nº 9.613/98).[330]

E a despeito de o dispositivo legal deixar transparecer que é suficiente a mera "participação" do agente para a configuração da tipicidade, assim não se pode conceber, porque como bem ressalta William Terra de Oliveira,

"a conduta individual deve ser penalmente relevante, ou seja, é importante descobrir se em dado momento ocorreu uma efetiva adesão aos planos coletivos e se esta participação por si mesma merece uma reprimenda penal. De tal sorte, se a conduta do

---

[328] GRINOVER, Ada Pellegrini. *Op. cit.*, p. 20-1.
[329] BARROS, Marco Antonio de. *Op. cit.*, p. 44.
[330] CERVINI, Raúl; OLIVEIRA, William Terra de; GOMES, Luiz Flávio. *Op. cit.*, p. 338.

agente em nada podia influir sobre os destinos e mantença do grupo, ou nada contribuía para a atividade de lavagem de dinheiro, não existirá responsabilidade penal alguma".[331]

E é tão-somente com esse enfoque que se torna perceptível a possibilidade de punição de quem "participa de grupo, associação ou escritório, tendo conhecimento de que sua atividade principal ou secundária é dirigida à prática de crimes"; mas não de *qualquer crime*, somente dos crimes previstos na Lei nº 9.613/98.

6.6. DA TENTATIVA

O crime é tentado, "quando, iniciada a execução, não se consuma por circunstâncias alheias à vontade do agente", assim estabelece o art. 14, II, do Código Penal. Nos termos do parágrafo único desse mesmo dispositivo, a tentativa é punida com a mesma pena do crime consumado, porém, diminuída de um a dois terços. E não poderia ser tratada de forma diferente, porque "é a violação incompleta da mesma norma de que o crime consumado representa violação plena, e a sanção dessa norma, embora, minorada lhe é extensiva", como bem registra Nelson Hungria.[332] Assim, crime consumado e tentativa não são crimes diferentes entre si, mas apenas formas diferentes de um mesmo crime. Na tentativa, o tipo objetivo não se completa; enquanto o tipo subjetivo deve dar-se ao contrário, ou seja, deve ser integralmente satisfeito do mesmo modo como no crime consumado.[333] Há, para tanto, o concurso de uma série de elementos, como o dolo, início da execução e a não consumação do fato por circunstâncias alheias à vontade do agente.[334]

Não há tentativa se o agente não atua voluntariamente de forma a acarretar, pelo menos, uma situação de perigo, ou seja, "uma probabilidade de dano a um bem jurídico penalmente protegido".[335]

Há, por vezes, dificuldade em se fazer a distinção entre atos executórios e atos preparatórios. O melhor critério, consigna Eugenio Raúl Zaffaroni e José Henrique Pierangeli,[336] é o "objetivo-individual, que somente permite a distinção quando se estiver diante do caso concreto, ou seja, deve ser levado em consideração o plano

---

[331] CERVINI, Raúl; OLIVEIRA, William Terra de; GOMES, Luiz Flávio. *Op. cit.*, p. 338.

[332] HUNGRIA, Nelson. *Op. cit.*, v. I, t. II, p. 78.

[333] WELZEL, Hans. *Op. cit.*, p. 224.

[334] MIR, José Cerezo. *Op. cit.*, p. 118.

[335] HUNGRIA, Nelson. *Op. cit.*, v. I, t. II, p. 75.

[336] ZAFFARONI, Eugenio Raúl; PIERANGELI, José Henrique. *Op. cit.*, p. 704.

concretamente estabelecido pelo autor". Mas advertem que esse critério ainda não é suficiente para explicar a tentativa; o problema ainda não foi satisfatoriamente resolvido pela dogmática jurídico-penal.

A punibilidade da tentativa tem por fundamento jurídico a situação de perigo a que é exposto o bem jurídico tutelado pelo Direito Penal. Assim é tratada pela teoria objetiva acolhida pelo nosso Código Penal, "com um tratamento que poderia ser definido como lógico-formal",[337] na observação de Luiz Regis Prado, com apoio em Alberto Silva Franco.

O § 3º do art. 1º da Lei nº 9.613/98 prevê a tentativa para os crimes que menciona, com o mesmo aumento de pena a que alude o parágrafo único do art. 14 do Código Penal, seguindo, portanto, a regra geral. Assim, somente ocorre a tentativa do crime de "lavagem de dinheiro" se o agente pratica alguns atos de execução, mas não consegue consumá-lo por circunstâncias alheias a sua vontade; ou seja, o agente quer consumar o crime, tornando-se puníveis apenas os atos por ele praticados e, por conseguinte, a pena deve ser aplicada proporcionalmente ao *iter criminis* já percorrido, ou seja, quanto mais próximo o agente estiver da consumação, menor será a redução da pena, e quanto mais distante estiver, maior a diminuição.[338]

Não pode haver tentativa, por evidente, se não houver possibilidade de interrupção de execução da figura típica, como ocorre, por exemplo, com a injúria verbal, que se desenvolve num só ato[339] - ação e resultado praticamente se confundem - "ocorrem quase ao mesmo tempo, sem espaço para a interrupção da execução".[340] William Terra de Oliveira, por outro lado, alerta:

> "é bom lembrar que muitas vezes os crimes da lei se consumam com o simples comportamento do agente, pouco importando que o dinheiro, bens ou valores venham a conquistar a condição de capitais lícitos. Para uma estrita tipicidade, o legislador se contenta apenas com a prática de atos suficientes para alcançar tal objetivo, ainda que o resultado (capital legitimado) não ocorra".[341]

---

[337] PRADO, Luiz Regis. *Curso de direito penal brasileiro*: parte geral. São Paulo: Revista dos Tribunais, 1999, p. 25.

[338] BARROS, Marco Antonio de. *Op. cit.*, p. 62.

[339] BRUNO, Aníbal. *Op. cit.*, t. II, p. 242.

[340] LOPES, Jair Leonardo. *Op. cit.*, p. 162.

[341] CERVINI, Raúl; OLIVEIRA, William Terra de; GOMES, Luiz Flávio. *Op. cit.*, p. 338.

6.7. AUMENTO DE PENA PARA O CRIME COMETIDO DE FORMA HABITUAL E POR ORGANIZAÇÃO CRIMINOSA (art. 1º, § 4º)

Se o crime de "lavagem de dinheiro" previsto no *caput* do art. 1º da Lei nº 9.613/65 for cometido de forma habitual ou por organização criminosa, terá a pena aumentada de um a dois terços, conforme o disposto no § 4º desse mesmo artigo.

6.7.1 Crime "cometido de forma habitual"

O próprio vocábulo "habitual" deixa claro que o cometimento de um só crime não se caracteriza a habitualidade. "Diz-se habitual o crime cuja conduta típica requer a repetição de certa atividade (em si mesma juridicamente relevante), de modo a revelar a conduta habitual".[342] "Mas os crimes de lavagem não podem ser confundidos com os crimes habituais. A habitualidade não é uma elementar do tipo de lavagem, como é, por exemplo, para o crime de curanderismo"[343] previsto no art. 284 do Código Penal, que exige para a configuração do delito, de forma expressa, a *habitualidade*.[344]

Não há que se confundir *crime habitual* com *habitualidade* no crime. Para Damásio E. de Jesus, é único o delito habitual, "constituindo-se a habitualidade uma elementar do tipo. Na habitualidade no crime, ao contrário, há pluralidade de crimes, sendo a habitualidade uma qualidade do autor, não da infração penal".[345] Para o crime de "lavagem de dinheiro", melhor soluciona o problema causado pelo legislador (art. 1º, § 4º, da Lei nº 9.613/98), a aplicação dos mesmos critérios previstos no art. 71 do Código Penal, observa Marco Antonio de Barros, porque "se a lei penal especial não traça o parâmetro quantitativo da habitualidade, a reiteração de crimes de lavagem deve ser punida com o aumento do crime continuado, ou seja, de um sexto a dois terços".[346] O entendimento de William Terra de Oliveira é divergente, ou seja, o autor não admite a existência de crime continuado, ao ressaltar que "... O parágrafo introduz a figura da reiteração criminosa, que nada mais é do que uma característica do criminoso chamado profissional ou habitual".[347] É aquela habi-

---

[342] FRAGOSO, Heleno Cláudio. *Op. cit.*, p. 255.
[343] BARROS, Marco Antonio de. *Op. cit.*, p. 63.
[344] NORONHA, E. Magalhães. Direito Penal. São Paulo: Saraiva, 1986, v. 4, p. 71.
[345] JESUS, Damásio Evangelista de. *Comentários ao código penal*: parte geral. São Paulo: Saraiva, 1985, v. I, p. 216.
[346] BARROS, Marco Antonio de. *Op. cit.*, p. 65.
[347] CERVINI, Raúl; OLIVEIRA, William Terra de; GOMES, Luiz Flávio. *Op. cit.*, p. 339.

tualidade caracterizada pela qualidade do autor de que fala Damásio E. de Jesus.[348]

6.7.2. Aumento de pena quando o crime for praticado por organização criminosa

Mais uma vez o legislador faz referência a crime cometido por organização criminosa. No entanto, como já visto no Capítulo IV, 4.4.1.2, não há crime dessa espécie definido em nossa legislação penal, a despeito de existir entendimento contrário, como o de que "... A Lei, ainda que não tenha optado pela melhor solução, considerou toda quadrilha ou bando como organização criminosa".[349] Também nesta linha de pensamento pode-se dizer que se posiciona Luiz Flávio Gomes, ao registrar que o legislador não foi capaz de definir claramente o que é, na realidade, organização criminosa.

"Deixou essa tarefa para a doutrina e a jurisprudência, o que significa inevitavelmente uma certa margem de insegurança. De qualquer modo, pela redação do art.1º, foi dado o mínimo básico daquela, que é constituído pelos requisitos típicos do art. 288, do CP (quadrilha ou bando)".[350]

Por isso, justifica-se também a divergência existente no que diz respeito ao aumento de pena quando se verificar a hipótese do § 4º do art. 1º da Lei nº 9.613/98, ou seja, quando o crime for cometido por organização criminosa. Para Marco Antonio de Barros, "o aumento é absolutamente inviável",[351] enquanto para William Terra de Oliveira, "... Também incidirá no aumento aquele que atuar por intermédio de uma organização criminosa, uma vez que nesse caso tanto a habitualidade quanto o 'profissionalismo' da conduta serão dados ínsitos ao delito".[352]

6.8. DO PROCESSO CRIMINAL E DO JULGAMENTO

O Direito Processual Penal, embora não tenha ao longo dos tempos alcançado um desenvolvimento dogmático capaz de servir

---

[348] JESUS, Damásio Evangelista de. *Op. cit.*, p. 216.
[349] FERNANDES, Antonio Scarance. Crime organizado e a legislação brasileira. *In*: PENTEADO, Jaques Camargo. *Justiça Penal*. São Paulo: Revista dos Tribunais, 1995, p. 38.
[350] GOMES, Luiz Flávio; CERVINI, Raúl. *Op. cit.*, p. 205.
[351] BARROS, Marco Antonio de. *Op. cit.*, p. 63.
[352] CERVINI, Raúl; OLIVEIRA, William Terra de; GOMES, Luiz Flávio. *Op. cit.*, p. 340.

de sustentáculo à garantia dos direitos das pessoas de forma mais eficiente, não deixa de ser ainda o instrumento que melhor se tem para a solução dos litígios. Muito já evoluiu ao longo da história, mas muito ainda tem de ser conquistado para se chegar a um grau mais consistente de garantia à realização do Direito material. Muito há ainda que ser feito pelo processo penal para que não se agrave ainda mais as relações de equilíbrio entre as partes, com sérios prejuízos ao correto restabelecimento da ordem jurídico-penal, quando violada, por nem sempre haver adequação de leis processuais às posições constitucionais e, também, por nem sempre haver obediência às formalidades como meio, uma vez que sendo o processo um meio para se chegar a uma decisão justa, não há lugar para formalidades como um fim.[353]

Hoje o Juiz não mais está sob o jugo incondicional da lei,

"como no velho paradigma juspositivista, sujeição à letra da lei, qualquer que seja o seu significado, mas sim sujeição à lei somente enquanto válida, ou seja, coerente com a constituição. E a validade já não é, no modelo constitucional-garantista, um dogma ligado à mera existência formal da lei, mas uma sua qualidade contingente ligada à coerência – mais ou menos opinável e sempre submetida à valoração do Juiz – dos seus significados com a Constituição".[354]

Em tempos mais remotos, até a Idade Média, o processo era uma mera formalidade sem equilíbrio de igualdade entre as partes. Os juízes eram verdadeiros representantes da Administração: "se a lide não interferia com as coisas do Soberano, a justiça era concedida como vênia; se interferia, o Juiz agia como seu agente".[355] Na realidade processo não existia; o sistema era o inquisitivo, sem a efetiva atuação jurisdicional, consistente na defesa, ou na autodefesa dos interesses da Administração, na época em que predominava o absolutismo monárquico, "período áureo da justiça inquisitiva".[356]

O processo historicamente teve profundos avanços ainda que de forma descontínua, mas teve também retrocessos, ferindo garantias já conquistadas. A Lei nº 9.099, de 26.9.1995, é exemplo de violação de garantias formais e materiais que bem revela a tendência

---

[353] TORNAGHI, Hélio. *A relação processual penal*. São Paulo: Saraiva, 1987, p. 1.
[354] FERRAJOLI, Luigi. *O direito como sistema de garantias*. Op. cit., p. 100.
[355] GRECO FILHO, Vicente. Op. cit., p. 4.
[356] MARQUES, José Frederico. *Elementos do direito processual penal*. Rio de Janeiro: Forense, v. I, 1961, p. 15.

político-criminal no "sentido de desformalização do processo penal",[357] com transações que ferem o princípio da culpabilidade. Pode haver "acordo" sem culpabilidade e, pior ainda, pode ocorrer o cerceamento da liberdade pelo "acordo" descumprido sem que tenha sido apurada a culpa do autor, o que significa imposição de pena sem o devido processo legal.

A Lei nº 9.613/98 cuida de alguns aspectos de ordem instrumental, porém, com violação de certas garantias já asseguradas, em face de incoerências, como a contradição existente entre o § 2º do art.2º, que veda a aplicação do art. 366 do Código de Processo Penal, e § 3º do art. 4º que manda aplicá-lo. Somente esses dispositivos já são suficientes para demonstrar o absoluto despreparo do nosso legislador, "... que legisla, cada vez mais freqüentemente, sob a égide da emoção ...".[358]

Ora, é com o processo que se resolve conflitos de interesses. E esses interesses, quando violados, é a lei processual no conteúdo de suas normas que vai regular e tutelar. Se, porém, inaplicada a regra legal, de ordem processual, resulta violado o interesse nela garantido[359] e, de outro lado, não menos lesivo resulta esse interesse, quando não há compatibilização da norma instrumental com a Constituição Federal. Essas situações autorizam o titular do interesse violado a restaurar o império da lei por intermédio dos meios adequados nela contidos, mas sempre com o Estado exercendo a função jurisdicional para evitar a composição do litígio pela luta privada, que não só fora há muito banida como instrumento de composição de litígio, como também fora tipificada como conduta punível prevista no art. 345 do Código Penal.

Assim, o Direito Processual Penal, se não estiver compatibilizado com as disposições de ordem constitucional, não tutela os interesses individuais ou sociais. E essa tutela de interesses com as necessárias garantias só pode ser feita de conformidade com o devido processo legal e constitucional, porque no "Estado Constitucional" que não é o mesmo "Estado de Direito", como registra Luiz Flávio Gomes,[360] "é a 'Constituição' que estabelece a forma e que dá limites substanciais do ordenamento jurídico", resultando daí que a lei, para ser válida, deve estar harmonizada com as regras de ordem constitucional.

---

[357] FRANCO, Alberto Silva; *In*: ZAFFARONI, Eugenio Raúl; PIERANGELI, José Henrique. *Op. cit.*, p. 12-3.
[358] CERVINI, Raúl; OLIVEIRA, William Terra de; GOMES, Luiz Flávio. *Op. cit.*, p. 357.
[359] MARQUES, José Frederico. *Op. cit.*, p. 13.
[360] CERVINI, Raúl; OLIVEIRA, William Terra de; GOMES, Luiz Flávio. *Op. cit.*, p. 351.

6.9. DA DELAÇÃO PREMIADA (art. 1º, § 5º)

A chamada delação premiada são os benefícios concedidos pela Lei nº 9.613/98, § 5º, art. 1º, ao reduzir de um a dois terços a pena, com o início do cumprimento,

"em regime aberto, podendo o Juiz deixar de aplicá-la ou substituí-la por pena restritiva de direitos, se o autor, co-autor ou partícipe colaborar espontaneamente com as autoridades, prestando esclarecimentos que conduzam à apuração das infrações penais e sua autoria ou à localização dos bens, direitos ou valores objeto do crime".

Essa delação premiada que, na realidade, também é "confissão premiada", conforme observa Luiz Flávio Gomes,[361] surgiu em nosso ordenamento jurídico-penal com a Lei nº 8.072, de 25.7.1990 (lei dos crimes hediondos, art.8º, parágrafo único); passou a constar do § 2º do art. 25 da Lei nº 7.492, de 16.6.1986 (lei que define os crimes contra o sistema financeiro nacional e dá outras providências) e do parágrafo único do art. 16 da Lei nº 8.137, de 27.12.1990 (lei que define os crimes contra a ordem tributária, econômica e contra as relações de consumo), ambos acrescentados pela Lei nº 9.080, de 19.7.95; constou também do art. 6º da Lei nº 9.034, de 3.5.1995 (lei que dispõe sobre a utilização de meios operacionais para a prevenção e repressão de ações praticadas por organizações criminosas) e, por fim, dos arts. 13 e 14 da Lei nº 9.807, de 13.7.1999 (lei que dispõe sobre a proteção e assistência a testemunhas e vítimas ameaçadas e dá outras providências). Há também que se ressaltar que a Lei nº 9.269, de 2.4.1996, determinou a seguinte redação ao § 4º do art. 159: "Se o crime é cometido em concurso, o concorrente que o denunciará à autoridade, facilitando a libertação do seqüestrado, terá sua pena reduzida de um a dois terços".

Infere-se do § 5º do art. 1º da Lei nº 9.613/98 que, além da redução de um a dois terços da pena (concessão obrigatória e não facultativa), poderá o Juiz conceder também ao infrator o *perdão judicial*,[362] uma vez que lhe é facultado "deixar de aplicar a pena privativa da liberdade, ou substituí-la por pena restritiva de direitos", desde que haja colaboração do autor, co-autor ou partícipe, de forma espontânea, com as autoridades, consistente em esclarecimentos que levam à apuração de infrações penais e respectiva autoria, bem como na localização de bens, direitos ou valores objeto do crime.

---

[361] CERVINI, Raúl; OLIVEIRA, William Terra de; GOMES, Luiz Flávio. *Op. cit.*, p. 344.

[362] BARROS, Marco Antonio de. *Op. cit.*, p. 65.

O sistema de delação premiada há muito adotado na legislação italiana, se de um lado teve alguma eficácia no combate à atividade terrorista e subversiva, responsável por muitas vítimas naquele país, visto, porém, numa outra perspectiva, foi bastante problemático e causador de grandes injustiças, não só pelas informações falsas prestadas pelos chamados "colaboradores da justiça" para obterem o benefício, mas também pela insegurança, pela falta de proteção a que estavam expostos os colaboradores.[363]

A legislação italiana sobre a delação premiada foi-se ampliando e estendendo-se a outros segmentos da criminalidade, como na luta contra o seqüestro e contra a máfia em geral – são quatro as organizações conhecidas: Cosa Nostra, Camorra, Ndrangheta e Stidda[364] - alcançando, inclusive, a quebra de sigilo bancário e das comunicações telefônicas.[365]

A delação premiada, sem qualquer exceção, ainda que possa trazer algum benefício com possível esclarecimento de crimes graves, é eticamente reprovável, porque lastreada na traição, na infidelidade; nada tem, por conseguinte, de pedagógica.[366] Nada existe capaz de substituir valores éticos que, na feliz expressão de Dietrich Von Hildebrand, "representam o âmago do mundo; a sua negação, o pior dos males", e acrescenta: "assim o reconheceram já todos os grandes espíritos, um Sócrates e um Platão, insistindo sempre em que é melhor sofrer uma injustiça do que cometê-la".[367]

Pode até ter a sua utilidade a delação premiada mas, como anota Luiz Flávio Gomes, "... Colocar em lei que o traidor merece prêmio é difundir uma cultura antivalorativa. É um equívoco pedagógico enorme. Ainda que o valor perseguido seja o de combater o crime, ainda assim constitui um preço muito alto tentar alcançar esse fim com um meio tão questionado".[368]

Pela descrição do § 5º do art. 1º da Lei nº 9.613/98, inferem-se duas espécies de premiação: uma quando há colaboração espontânea com as autoridades, por parte do autor, co-autor ou partícipe, prestando esclarecimentos que conduzam à apuração das infrações pe-

---

[363] GRINOVER, Ada Pellegrini. *Op. cit.*, p. 27.
[364] MAIEROVITCH, Walter Franganiello. *A ética judicial no trato funcional com as associações criminosas que seguem o modelo mafioso.* In PENTEADO, Jacques de Camargo. *Justiça Penal* nº 3, São Paulo: Revista dos Tribunais, 1995, p. 80.
[365] GOMES, Luiz Flávio; CERVINI, Raul. *Crime organizado.* São Paulo: RT, 1997, p. 53.
[366] JESUS, Damásio E. de. Apud GOMES, Luiz Flávio; CERVINI, Raúl. *Op. cit.*, p. 165.
[367] HILDEBRAND, Dietrich Von. *Atitudes éticas fundamentais.* Quadrante, 1988; apud, MAIEROVITCH, Walter Franganiello. *Op. cit.*, p. 78.
[368] GOMES, Luiz Flávio; CERVINI, Raul. *Op. cit.*, p. 165.

nais e respectiva autoria; a outra, quando há confissão do crime, indicando onde possam ser encontrados os bens, direitos ou valores objeto do crime. Na primeira hipótese, há "delação premiada"; na segunda, "confissão premiada", podendo ocorrer em qualquer momento, "em qualquer fase da persecução penal (inquisitiva ou contraditória ou mesmo executiva)".[369]

A concessão do "prêmio" consistente na redução de um a dois terços da pena (compulsória), seja qual for a quantidade fixada, terá de ser iniciado o cumprimento em regime aberto, conforme dispõe a primeira parte do § 5º do art. 1º da Lei nº 9.613/98, cessando, assim, para esta lei, a aplicabilidade do art. 33 do Código Penal. Trata-se de um direito subjetivo do réu.[370] Na segunda parte, o mesmo dispositivo deixa claro que há uma faculdade do Juiz, podendo deixar de aplicar a pena ou substituí-la por pena restritiva de direito. Consigna Luiz Flávio Gomes[371] que "... Cabe ao Juiz, conforme seu prudente critério, com base na razoabilidade, aferir os casos em que sejam justos alguns desses benefícios mais amplos", o que é possível, quando os esclarecimentos do autor, co-autor ou partícipe conduzirem, não só à localização de bens, direitos ou valores objeto do crime, mas, também, à autoria.

Claro está que para o Juiz deixar de aplicar a pena, e aqui se constitui verdadeiro "perdão judicial", o autor, co-autor ou partícipe terá de prestar colaboração espontânea de forma a permitir que não só seja esclarecida a infração penal, como também a respectiva autoria. Também não se pode olvidar que somente com a colaboração dessa natureza é que deverá o Juiz substituir a pena privativa de liberdade por pena restritiva de direito, nas modalidades estabelecidas no art. 43 do Código Penal, com a nova redação emprestada pela Lei nº 9.714, de 25.11.1998, não importando a quantidade de pena fixada na sentença.[372] Nada impede, entretanto, que o Juiz conceda o perdão ou substitua a pena, nesses casos, uma vez que não há nesse sentido qualquer impedimento de ordem legal. Se o Juiz conceder o perdão judicial, que se configura pela não-aplicação da pena, há a conseqüente extinção da punibilidade do agente, por ser considerada decisão declaratória de extinção da punibilidade (Súmula 18 do STJ), não subsistindo qualquer efeito condenatório.[373]

---

[369] CERVINI, Raúl; OLIVEIRA, William Terra de; GOMES, Luiz Flávio. *Lei de Lavagem de Capitais*. Op. cit., p. 344-5.
[370] BARROS, Marco Antonio de. Op. cit., p. 70.
[371] CERVINI, Raúl; OLIVEIRA, William Terra de; GOMES, Luiz Flávio. Op. cit., p. 345.
[372] Idem, p. 346.
[373] BARROS, Marco Antonio de. Op. cit., p. 68.

Com o advento da Lei nº 9.807, de 13.7.1999, instituindo o Programa Federal de Assistência a Vítimas e a Testemunhas Ameaçadas e dispondo sobre a proteção de acusados ou condenados que tenham voluntariamente prestado efetiva colaboração à investigação policial e ao processo criminal", estendeu a premiação não só a acusados de crime, mas também de algumas contravenções, dependendo, no entanto, da interpretação que for feita dos requisitos que enumera. Se a interpretação for no sentido alternativo, é permitida a premição. Registra Damásio E. de Jesus,[374] se é permitido no mais (crime), não há razão para ser proibido no menos (contravenção). E quais são os requisitos? São aqueles constantes do art. 13 e incisos da Lei nº 9.807/99, consistentes na colaboração do acusado ou condenado nas investigações e processo criminal, que resultem: a) a identificação dos demais co-autores ou partícipes; b) a localização da vítima com sua integridade física preservada; c) a recuperação total ou parcial do produto do crime. Quando houver colaboração dessa ordem, o Juiz poderá conceder de ofício ou a requerimento das partes o perdão judicial e a conseqüente extinção da punibilidade ao acusado, se o acusado ou condenado for primário. Mas também "o indiciado ou acusado" que colaborar voluntariamente com a investigação policial e o processo criminal na identificação dos demais co-autores ou partícipes do crime, na localização da vítima com vida e na recuperação total ou parcial do produto do crime, no caso de condenação, terá a pena reduzida de um a dois terços, nos termos do art. 14.

A Lei nº 9.807/99 permite não só a concessão desses benefícios, como também a favor do colaborador estabelece "medidas especiais de segurança e proteção a sua integridade física, considerando ameaça ou coação eventual ou efetiva" (art. 15). Esta Lei que também protege vítimas e testemunhas, quando colaborarem com a investigação ou processo criminal, estende-se também aos autores, co-autores e partícipes de crimes de "lavagem de dinheiro", uma vez que não é restrita a sua aplicação a crimes específicos, determinados, mas a crimes cuja colaboração venham a ser obtidos resultados a que aludem os arts. 13 e 14. E, por ser lei mais benéfica, retroagirá para apanhar também fatos eventualmente concretizados anteriormente, desde que satisfeitas as condições por ela exigidas (parágrafo único do art. 2º do Código Penal).

---

[374] JESUS, Damásio Evangelista de. Perdão judicial – colaboração premiada. *Boletim IBCCrim*, ano 7, n. 82, set. 1999, p. 4.

6.10. PROCEDIMENTO E JULGAMENTO

O crime de lavagem de dinheiro, em qualquer das hipóteses previstas na Lei nº 9.613/98, é de ação penal pública plena, cuja titularidade é atribuída ao Ministério Público, por força do disposto no art. 129, inciso I, da Constituição Federal, o que equivale dizer que tem início somente com a denúncia,[375] atendidos os pressupostos indicados no art. 41 do Código de Processo Penal e instruída com elementos indiciários da existência do crime antecedente, dispensada a prova que o torne certo, "ainda que desconhecido ou isento de pena o autor daquele crime" (§ 1º do art. 2º), conforme já visto no Capítulo V, item 5.8.1. O processo e julgamento do crime de "lavagem de dinheiro" independe do processo e julgamento do crime antecedente (art. 2º, inciso II).

6.10.1 Competência

A redação do art. 2º, III, *a* e *b*, deixa transparecer que é competente, em regra, para processar e julgar o autor do crime de "lavagem de dinheiro", a Justiça Estadual; porém, se se considerar "que o bem jurídico protegido é a segurança da ordem econômico-finaceira (tema que é bastante controvertido)", anota Luiz Flávio Gomes,[376] o processo e o julgamento de todos os crimes de "lavagem de dinheiro" seriam da competência da Justiça Federal. Por outro lado, registra o mesmo autor, pode ocorrer que o crime de "lavagem de dinheiro" seja de pequena monta e, assim, não se pode dizer que haja violação de bem jurídico supraindividual, ou seja, de bem jurídico constituído pela ordem socioeconômica e financeira; "então deve prevalecer a literalidade do dispositivo: em regra a competência é da justiça estadual e excepcionalmente da Justiça Federal".[377]

Diz o art. 2º, inc. III, da Lei nº 9.613/98, que o processo e o julgamento dos crimes de "lavagem de dinheiro" são da competência da Justiça Federal:

> "a) quando praticado contra o sistema financeiro e a ordem econômico-financeira, ou em detrimento de bens, serviços ou interesses da União, ou de suas entidades autárquicas ou empresas públicas; b) quando o crime antecedente for de competência da Justiça Federal".

---

[375] TOURINHO FILHO, Fernando da Costa. *Processo penal*. São Paulo: Saraiva, 1997, v. I, p. 365.
[376] CERVINI, Raúl; OLIVEIRA, William Terra de; GOMES, Luiz Flávio. *Op. cit.*, p. 354-5.
[377] Idem, p. 355.

Por outro lado, denota-se do art. 109 da Constituição Federal que é competente a Justiça Federal para processar e julgar

"as causas em que a União, entidade autárquica ou empresa pública federal forem interessadas na condição de autoras, rés, assistentes ou oponentes, exceto as de falência, as de acidentes de trabalho e as sujeitas à Justiça Eleitoral e à Justiça do Trabalho".

Nessa perspectiva, se com a "lavagem de dinheiro" o bem jurídico ofendido for a ordem econômico-financeira nacional, tem-se como competente a Justiça Federal. Para Luiz Flávio Gomes, é competente a Justiça Estadual, "se não chegar a afetar toda a economia, de tal modo a tangenciar interesses concretos da União".[378]

Entende Marco Antonio de Barros que sendo o "dinheiro lavado" proveniente de, "crime de extorsão mediante seqüestro, cometido no território nacional e que não guarde qualquer vínculo ou interesse internacional, será competente para processar e julgar o crime de lavagem o Juiz da comarca do local dos fatos ou da apreensão dos bens, direitos e valores que denotem a ocultação da ilicitude do enriquecimento e patrimônio do acusado",[379] a competência é da Justiça Estadual. Não se pode olvidar, no entanto, o disposto no art. 2º, II, da Lei nº 9.613/98, ao referir-se a processo e julgamento dos crimes de "lavagem de dinheiro": "independem do processo e julgamento dos crimes antecedentes referidos no artigo anterior, ainda que praticados em outro país".

6.10.2 Denúncia

Dispõe o § 1º do art. 2º da Lei nº 9.613/98 que a peça acusatória deverá ser instruída com "indícios suficientes da existência do crime antecedente", e que, ainda que desconhecido ou isento de pena o autor desse crime, são "puníveis os fatos previstos nesta Lei". Mas não bastam apenas "indícios suficientes da existência do crime antecedente", ou seja, daqueles crimes enumerados no art.1º, para a propositura da ação penal, mister se faz, evidentemente, disponha também o Ministério Público de indícios suficientes do crime de "lavagem de dinheiro" e de sua respectiva autoria.

Se "indícios" do crime antecedente são suficientes para formar a *opinio delicti* do Ministério Público, não o são, entretanto, para embasar um juízo condenatório, porque se pode ser indiferente para o processo do crime de "lavagem de dinheiro" a autoria do crime antecedente como já visto no Capítulo V, item 5.10, caso seja adotada

---

[378] CERVINI, Raúl; OLIVEIRA, William Terra de; GOMES, Luiz Flávio. *Op. cit.*, p. 355.

[379] BARROS, Marco Antonio de. *Op. cit.*, p. 77.

teoria da acessoriedade limitada, que se satisfaz apenas com a tipificidade e antijuridicidade do fato, o mesmo não pode ser dito com relação à existência do próprio fato dentre aqueles tidos como crime, catalogados no art. 1º da Lei nº 9.613/98, que deve, a final, estar devidamente comprovado, ainda que no mesmo processo.

Para que a justa causa fique demonstrada, deve a denúncia descrever os fatos de forma a revelar claramente também o crime antecedente além, evidentemente, do crime de "lavagem de dinheiro", respectiva autoria e suas circunstâncias, de conformidade com o disposto no art. 41 do Código de Processo Penal; devendo ainda estar instruída com os elementos indiciários, não meros indícios, a fim de que possa o Juiz decidir fundamentadamente de conformidade com o disposto no art. 93, IX, da Constituição Federal, recebendo-a ou rejeitando-a. Por outro lado, não se pode olvidar que o crime antecedente é condição específica de procedibilidade e, sendo assim, a ausência de elementos indiciários pertinentes instruindo a peça acusatória, inviabiliza a propositura da ação penal.

O legislador não incluiu na Lei a defesa preliminar antes do recebimento da denúncia, de fundamental importância para o moderno processo e, de um modo geral, para as partes. Esse procedimento, a exemplo do que já existe para os crimes da competência originária dos tribunais e, também, contra o funcionário público (arts. 514 e 516 do Código de Processo Penal) e nas infrações penais da competência dos Juizados Especiais Criminais (art. 81 da Lei nº 9.099/95), deveria se estender a todos os demais crimes, até mesmo como medida de economia processual, uma vez que poderia já no início da ação penal ser evitado um longo procedimento, em função da própria defesa preliminar, que pode, inclusive, ser instruída com contraprova e, assim, servir para formar a convicção do julgador a respeito da existência ou não da justa causa.

6.10.3. Inconstitucionalidade do § 2º do art. 2º

A Lei nº 9.271/96 alterou profundamente o art. 366 do Código de Processo Penal, com a nova redação que lhe emprestou, ao vedar o seguimento do processo, quando o réu convocado deixar de comparecer ao juízo da causa para se defender e nem constituir advogado, ficando suspenso o processo e o prazo prescricional, por decisão judicial.

O § 2º do art. 2º da Lei nº 9.613/98, ao vedar a aplicação do art. 366 do Código de Processo Penal, com a nova redação que lhe emprestou a Lei nº 9.271/96, retrocedeu no sentido de permitir o julgamento do réu à revelia como antes era possível. Esse dispositivo do

Código de Processo Penal, embora tenha sido doutrinariamente criticado por suspender também o prazo prescricional, enquanto suspenso estiver o processo,[380] por outro lado, no entanto, há alguns elogios, por não permitir o julgamento sem a presença do réu. A vedação expressa à aplicação do art. 366 do Código de Processo Penal é inaceitável por afrontar o direito de defesa do réu, permitindo sua condenação mesmo desconhecendo a existência do processo contra si instaurado.

Como bem destaca Fernando da Costa Tourinho Filho,

"... Após mais de meio século de vigência do Código, depois de tantas condenações de revéis citados por edital, o legislador, agora, quis homenagear a Defesa, dando destaque especial ao princípio do *audiatur et altera pars*. A parte contrária deve ser ouvida em qualquer circunstância".[381]

Com o ato citatório do réu por edital, há apenas presunção e nunca certeza de que tenha ele tomado conhecimento efetivo do processo; situação incompatível com o princípio imperativo do devido processo legal insculpido no art. 5º, LIV, da Constituição Federal, uma vez que embora possa o Juiz nomear advogado para fazer a defesa, não significa o mesmo que um advogado constituído de livre escolha do réu. Por outro lado, presente o acusado, terá melhores condições para indicar as provas a serem produzidas em sua defesa, inclusive levando ao conhecimento do advogado circunstâncias relevantes para contraditar testemunhas e ensejar-lhe novas perguntas em prol de sua defesa.

O dispositivo legal, isto é, o § 2º do art. 2º da Lei nº 9.613/98, ao vedar a aplicação do art. 366 do Código de Processo Penal, está viciado pelo signo da inconstitucionalidade, porque suprime ao réu o real conhecimento da acusação que lhe é imputada, violando o princípio do contraditório,[382] ao deixar de suspender o processo quando citado por edital; o que equivale dizer que o processo segue à revelia, violando, por conseguinte, o disposto no art. 5º, § 2º, da Constituição Federal, à medida que não atende ao que dispõe o art. 8º da Convenção Americana sobre Direitos Humanos (Pacto de São José da Costa Rica) celebrada em 22 de novembro de 1969, com entrada em vigor internacionalmente a 18 de julho de 1978 e, para o Brasil, a 25 de setembro de 1992, conforme dispõe o Decreto nº 678, de 6 de novembro de 1992, da Vice-Presidência da República.

---

[380] IBIAPINA, Humberto. *Boletim IBCCrim*, Ano 5 nº 61, dezembro de 1997, p. 19.

[381] TOURINHO FILHO, Fernando da Costa. *Código de processo penal comentado*. São Paulo: Saraiva, 1997, v. I, p. 366.

[382] BARROS, Marco Antonio de. *Op. cit.*, p. 86.

Assim dispõe o art. 8º dessa Convenção:

"Toda pessoa tem direito a ser ouvida, com as devidas garantias e dentro de um prazo razoável, por um juiz ou tribunal competente, independente e imparcial, estabelecido anteriormente por lei, na apuração de qualquer acusação penal formulada contra ela, ou para que se determine seus direitos ou obrigações de natureza civil, trabalhista, fiscal ou de qualquer outra natureza".

Com isso, a vedação de suspensão do processo nos termos do art. 366 do Código de Processo Penal é absolutamente inconstitucional, não apenas por contrariar o Pacto de São José da Costa Rica, mas também porque o está excluindo do texto da Carta Magna, uma vez que passou a integrá-la a partir do momento em que entrou em vigor para o Brasil (25.9.92), por força do disposto no § 2º do art. 5º da Constituição Federal. Diante desse enfoque, o § 2º do art. 2º é vigente, apenas porque é parte integrante da Lei nº 9.613/98, formalmente produzida; porém, é inválido por contrariar dispositivo constitucional.[383]

6.10.4. Contradição entre o § 2º do art. 2º e o § 3º do art. 4º

Há que se observar que a vedação à aplicação do art. 366 do Código de Processo Penal, estabelecida pelo § 2º do art. 2º, está em absoluta contradição com o § 3º do art. 4º da mesma Lei, que por sua vez estabelece que "... Nenhum pedido de restituição será conhecido sem o comparecimento pessoal do acusado, podendo o Juiz determinar a prática de atos necessários à conservação de bens, direitos ou valores, nos casos do art. 366 do Código de Processo Penal", quando forem apreendidos ou seqüestrados no curso do inquérito policial ou da ação penal, na forma prevista no art. 4º, *caput*, da Lei nº 9.613/98.

Consigna Luiz Flávio Gomes que diante dessa inexplicável contradição "deve sempre prevalecer o preceito que mais amplia a liberdade",[384] o que sinifica dizer que o Juiz deve aplicar o disposto no art. 366 do Código de Processo Penal também para suspender o processo, podendo inclusive decretar a revelia do réu, registra ainda Luiz Flávio Gomes, não devendo, portanto, ser acatado o disposto no § 2º do art. 2º.[385]

---

[383] FERRAJOLI, Luigi. O direito como sistema de garantias. *In* OLIVEIRA JUNIOR, José Alcebíades de (Org.). *O novo em direito e Política*. Porto Alegre: Livraria do Advogado, 1997, p. 96.
[384] CERVINI, Raúl; OLIVEIRA, William Terra de; GOMES, Luiz Flávio. *Op. cit.*, p. 357-8.
[385] BARROS, Marco Antonio de. *Op. cit.*, p. 84.

6.10.5. Levantamento das medidas assecuratórias

Não proposta a ação penal no decurso de cento e vinte dias a contar da data em que forem concluídas as diligências levadas a efeito para apurar o crime de "lavagem de dinheiro" e respectiva autoria, dispõe o § 1º do art. 4º que serão levantadas as medidas assecuratórias. Este dispositivo também está em contradição com o § 3º do mesmo art. 4º que veda a restituição dos bens sem o comparecimento do acusado.

Diz o *caput* do art. 4º que as medidas assecuratórias seguem o disposto nos arts. 125 e 144 do Código de Processo Penal; no entanto, o Código, em seu art. 131, determina o levantamento do seqüestro "se a ação penal não for intentada no prazo de sessenta dias a contar da data em que ficar concluída a diligência". Trata-se, assim, de menor prazo para o levantamento do seqüestro, não se harmonizando, por conseguinte, esse dispositivo, nesse aspecto, com o disposto no § 1º do art. 4º da Lei nº 9.613/98. Por se tratar de medida extremamente violenta,[386] justifica-se o levantamento do seqüestro, uma vez findo o prazo previsto no art. 131 do Código de Processo Penal, porque mais favorável ao réu e, além disso, como todas as demais cautelares, trata-se de medida com "eficácia temporária".[387] Se, porém, denunciado, processado e condenado o acusado, os bens, direitos ou valores serão confiscados e, se absolvido ou extinta a punibilidade, por qualquer causa legalmente prevista, "levanta-se o seqüestro (art.131 do CPP)".[388]

6.10.6. Liberação dos bens (§ 2º, art. 4º)

Se comprovada a licitude, dispõe o § 2º do art. 4º, o Juiz determinará a liberação dos bens, direitos e valores que estiverem apreendidos ou seqüestrados. Estabelece o § 2º do art. 4º da Lei nº 9.613/98 que "... O Juiz determinará a liberação dos bens, direitos e valores apreendidos ou seqüestrados quando comprovada a licitude de sua origem".

A liberação de bens, direitos e valores mediante a comprovação de licitude de sua proveniência, para Marco Antonio de Barros, deve ser entendido como inversão do ônus da prova, porque "... Ao invés de exigir do Ministério Público a prova da ilicitude do patrimônio, exige que o réu prove a origem lícita dos bens, direitos e valores que tenham sido objeto da busca e apreensão ou do seqüestro".[389]

---

[386] TOURINHO FILHO, Fernando da Costa. *Op. cit.*, v. I, p. 131.
[387] BARROS, Marco Antonio de. *Op. cit.*, p. 97.
[388] CERVINI, Raúl; OLIVEIRA, William Terra de; GOMES, Luiz Flávio. *Op. cit.*, p. 365.
[389] BARROS, Marco Antonio de. *Op. cit.*, p. 100.

É certo que o art. 5º, nº 7, da Convenção de Viena celebrada a 19 de dezembro de 1988, sugere a inversão do ônus da prova, quando necessário se fizer a respeito da licitude dos bens, direitos e valores, porém, quando for compatível com os princípios do direito interno de cada país e com a natureza dos procedimentos judiciais. Foi com base nessas disposições da Convenção de Viena que o legislador brasileiro, na Exposição de Motivos da Lei nº 9.613/98, procura justificar a inserção de inversão do ônus da prova, como bem observa Marco Antonio de Barros, "cuja fórmula já consta do direito argentino".[390] A seguir, anota ainda Marco Antonio de Barros, somente é aplicável o dispositivo (§ 2º do art. 4º) quando se tratar de medidas assecuratórias, ou seja, nas cautelares de seqüestro e busca e apreensão, sem, contudo, estar o Juiz dispensado de adotar tais medidas sem os elementos indiciários consistentes acerca da proveniência ilícita dos bens, e que estejam vinculados a crimes antecedentes enumerados no art. 1º da Lei nº 9.613/98.

Não se pode compreender o aludido § 2º em sua literalidade, ou seja, de forma a se estender, a todos os casos, a inversão do ônus da prova, o que viria a ofender gravemente o princípio da presunção de inocência e, por conseguinte, seria inconstitucional. O que quer dizer o dispositivo é que havendo apreensão ou seqüestro de bens, direitos ou valores no curso do inquérito ou do processo, e pretendendo o acusado a liberação antes da decisão final, poderá, querendo, provar a licitude de sua procedência; porém, como uma verdadeira contracautela, uma vez que é cautelar o procedimento para apreensão ou seqüestro de bens, direitos e valores.[391] Também o Código de Processo Penal, em seu art. 120, § 1º, manda o requerente produzir prova para a restituição do bem, quando for duvidoso o seu direito e, quando se tratar de seqüestro de bens imóveis, diz o art. 129 do mesmo Código, será autuado em apartado e caberá embargos de terceiros. Por outro lado, o art. 130, I, ainda do mesmo diploma legal, estabelece que o seqüestro também poderá ser embargado pelo acusado, sob o fundamento de não terem os bens sido adquiridos com os proventos da infração. É evidente que nesses casos o requerente terá de produzir prova acerca da proveniência lícita dos bens, direitos e valores, mas nem por isso estará sendo invertido o ônus da prova para demonstrar sua inocência. Ao Ministério Público é que caberá provar, para tornar certa não somente a existência do crime tido como de "lavagem de dinheiro", como também o crime antecedente e a culpabilidade do acusado.

---

[390] BARROS, Marco Antonio de. *Op. cit.*, p. 100.

[391] CERVINI, Raúl; OLIVEIRA, William Terra de; GOMES, Luiz Flávio. *Op. cit.*, p. 365-6.

Como bem registra Luiz Flávio Gomes, "... De certo modo, no diploma legal enfocado, há uma inversão do ônus da prova, mas é uma inversão que surge dentro do contexto de uma medida de contracautela, saneadora de um ato injusto precedente".[392] Nada impede, porém, que o interessado aguarde o desfecho do processo, para levantar o seqüestro ou a apreensão ante uma sentença absolutória, se não quiser ou não puder desde logo comprovar a licitude dos bens, direitos ou valores apreendidos ou seqüestrados, porque sem prova da existência do crime de "lavagem de dinheiro" (ação típica, antijurídica e culpável e respectiva autoria), e sem tornar certa também por meio de elementos probatórios consistentes, o crime antecedente previsto na Lei nº 9.613/95, a cargo do Ministério Público, não poderá haver sentença condenatória, impondo-se, por conseguinte, a liberação dos bens, direitos ou valores, apreendidos ou seqüestrados.

6.10.7. Vedação à concessão de fiança e de liberdade provisória

A fiança é "espécie do gênero caução"[393] que o indiciado ou réu presta para ser mantido em liberdade, quando prevista em lei, vinculando-o ao processo contra si instaurado até decisão final. É uma garantia que tem por fim assegurar o cumprimento das obrigações atinentes à liberdade provisória,[394] assumidas mediante a assinatura de um termo que o obriga a comparecer perante a autoridade, sempre que for intimado para atos do inquérito ou da instrução criminal, sem poder também mudar de residência e ausentar-se por mais de oito dias, ao distrito da culpa,[395] sem prévia autorização da autoridade processante.

É uma caução consistente na entrega de valores em dinheiro, pedras ou metais preciosos, jóias ou moedas estrangeiras recebidas não como tal, mas pelo seu valor como metal precioso,[396] títulos da dívida pública e imóveis, podendo ser prestada em qualquer fase do inquérito ou do processo, pelo indiciado ou réu e, também, por qualquer pessoa do povo, "enquanto não transitar em julgado a sentença".[397]

---

[392] CERVINI, Raúl; OLIVEIRA, William Terra de; GOMES, Luiz Flávio. Op. cit., p. 366.

[393] TOURINHO FILHO, Fernando da Costa. Processo penal. São Paulo: Saraiva, 1997, v. 3, p. 541.

[394] FENECH, Miguel. Derecho processual penal. Barcelona: Labor, 1992, p. 143.

[395] GRECO FILHO, Vicente. Op. cit., p. 285.

[396] ESPÍNOLA FILHO, Eduardo. Código de processo penal brasileiro anotado. Rio de Janeiro: Rio, 1976, v. 1, nota nº 650, p. 487.

[397] TOURINHO FILHO, Fernando da Costa. Op. cit., p. 543.

Além de assegurar a presença do acusado no processo, a fiança funciona "como substitutivo da prisão provisória, mais ainda, como sucedâneo da pena e como garantia do pagamento de custas e do dano patrimonial",[398] devendo, porém, ser restituída integralmente, se o acusado for absolvido, se for extinta a punibilidade - exceto da pretensão executória estatal – e, também, se for julgada sem efeito.[399]

A Lei nº 9.613/98, em seu art. 3º, expressamente veda a concessão de fiança e a liberdade provisória ao acusado por qualquer dos crimes nela previstos; quando, porém, o acusado apelar de sentença condenatória, cabe ao Juiz decidir, fundamentadamente, se concede ou não a liberdade provisória. Nesse aspecto o dispositivo repete os mesmos termos do disposto no art. 2º, II, da Lei nº 8.772, de 25.7.1990, que dispõe sobre os chamados crimes hediondos. O legislador teria se utilizado de melhor técnica se tivesse copiado em todos os seus termos o art. 31 da Lei nº 7.492, de 16.6.1986 (lei que define os crimes contra o sistema financeiro nacional e dá outras providências), com o teor seguinte: "nos crimes previstos nesta lei e punidos com pena de reclusão, o réu não poderá prestar fiança, nem apelar antes de ser recolhido à prisão, ainda que primário e de bons antecedentes se estiver configurada situação que autorize a prisão preventiva". Embora não seja perfeito o conteúdo desse dispositivo, ao menos só permite a prisão quando for cautelar de natureza processual, sem antecipar a execução de sentença condenatória, antes do trânsito em julgado, ferindo o princípio da presunção de inocência insculpido no art. 5º, LVII, da Constituição Federal.

Os crimes contra o sistema financeiro nacional não são menos graves do que os crimes de "lavagem de dinheiro". Aliás, crime contra o sistema financeiro nacional é um daqueles crimes antecedentes que se encontram enumerados no art. 1º da Lei nº 9.613/98, o que vem a se constituir um verdadeiro paradoxo a não-concessão de liberdade provisória, quando se trata de crime de "lavagem de dinheiro", porque, se pode o Juiz, diante de cada caso concreto, conceder tal benefício, quando se tratar de crime antecedente ou principal, como o é o crime contra o sistema financeiro nacional, com mais razão cabe decidir quando se tratar de crime de "lavagem de dinheiro", em face da relação de acessoriedade que guarda com o crime anterior.[400]

Se o legislador quis reportar-se também à inaplicabilidade do parágrafo único do art. 310 do Código de Processo Penal, para vedar

---

[398] TORNAGHI, Hélio. *Curso de processo penal*. São Paulo: Saraiva, 1989, v. II, p. 104.

[399] ESPÍNOLA FILHO, Eduardo. *Op. cit.*, v. I, nota nº 650, p. 489.

[400] BARROS, Marco Antonio de. *Op. cit.*, p. 91.

a concessão de liberdade provisória em caso de prisão em flagrante, se não estiver configurada situação que autorize prisão preventiva, mais uma vez não foi feliz em seu desiderato. Qualquer prisão provisória é medida precautória e, por isso, somente se justifica quando extremamente necessária. Trata-se de medida odiosa por anteceder um decreto condenatório com trânsito em julgado, uma vez que a única fonte legítima para restringir a liberdade provisória é, tão-somente, a sentença com trânsito em julgado.[401]

A proibição de liberdade provisória com ou sem fiança caracteriza aquela prisão compulsória que já existiu em nossa legislação, cujo pressuposto específico previsto no art. 312 do Código de Processo Penal, era a pena de reclusão cominada em abstrato ao crime por tempo igual ou superior a dez anos.[402]

A vedação à concessão de liberdade provisória nos termos previstos no art. 3º é tão equivocada quanto à proibição da fiança,[403] porque se trata de prisão indiscriminada, o que equivale dizer que é admitida prisão sem necessidade. O legislador, ao proibir a liberdade provisória, utilizando-se de critérios abstratos, está substituindo o Juiz em sua tarefa de decidir.[404] Mesmo diante de diferentes situações reais, ao Juiz é vedada a utilização de critérios objetivos e subjetivos para decidir diferentemente; ainda que entenda desnecessária a prisão provisória, quando o correto deveria ser ao contrário, ou seja, ter o Juiz a possibilidade de decidir diante do exame de cada caso concreto sobre a concessão ou não da liberdade provisória.[405]

Os incisos XLII, XLIII e XLIV do art. 5º da Constituição Federal, ao prever como crimes inafiançáveis *as práticas de racismo; tortura; tráfico ilícito de entorpecente e drogas afins; o terrorismo e os definidos como crimes hediondos; a ação de grupos armados, civis ou militares*, deixa transparecer "que apenas determinados crimes específicos – e somente esses – serão considerados inafiançáveis".[406] Assim, todos os demais crimes são afiançáveis, o que leva à conclusão de que ao legislador ordinário é vedada a imposição de outros crimes insuscetíveis de fiança. Por isso, não se pode negar que é de duvidosa constitucionalidade o art. 3º da Lei nº 9.613/98, conforme bem ressalta Luiz Flávio Gomes.[407]

---

[401] TOURINHO FILHO, Fernando da Costa. *Código. Op. cit.*, v. II, p. 492.
[402] Idem. *Processo penal. Op. cit.*, v. 3, p. 469.
[403] CERVINI, Raúl; OLIVEIRA, William Terra de; GOMES, Luiz Flávio. *Op. cit.*, p. 359.
[404] GOMES, Luiz Flávio; CERVINI, Raúl. *Op. cit.*, p. 172.
[405] BARROS, Marco Antonio de. *Op. cit.*, p. 90.
[406] SADI, Jairo. *Op. cit.*, p. 30.
[407] CERVINI, Raúl; OLIVEIRA, William Terra de; GOMES, Luiz Flávio. *Op. cit.*, p. 538.

Por não ser afiançável o crime, não quer dizer que não possa ser concedida a liberdade provisória, porque o inciso LXVI do art. 5º da Constituição Federal, estabelece que "ninguém será levado à prisão ou nela mantido, quando a lei admitir a liberdade provisória, com ou sem fiança". Ora, se a própria Carta Magna nesse dispositivo admite a *liberdade provisória* com ou sem fiança, resta evidente que lei ordinária alguma poderá obstaculizar decisão do Juiz no sentido de conceder a liberdade provisória, ainda que inafiançável o crime. E o art. 310, parágrafo único, do Código de Processo Penal, em consonância com esse aludido dispositivo constitucional, deixa claro que pode ser concedida a liberdade provisória em crime afiançável e não afiançável, desde que o Juiz verifique a inocorrência de qualquer das hipóteses que autorizam a prisão preventiva. Quando o Juiz examina auto de prisão em flagrante, à luz do parágrafo único do art. 310, do Código de Processo Penal, em seu raciocínio hipotético, *a contrario sensu*.

"... Formula a pergunta: se o acusado estivesse solto, seria o caso de decretação da prisão preventiva? Se a resposta é positiva, porque a prisão é necessária à ordem pública, instrução criminal ou garantia da aplicação da pena, o flagrante se mantém; se a resposta é negativa, porque inexiste qualquer um desses motivos, a prisão será relaxada".[408]

6.10.8. Direito de apelar em liberdade

O mesmo art. 3º da Lei nº 9.613/98 que veda a concessão de liberdade provisória e de fiança, oportuniza ao Juiz decidir se pode ou não o acusado apelar em liberdade. Neste aspecto também não há nenhuma lógica com relação à impossibilidade de concessão desse benefício enquanto não houver condenação. Inobstante essa incoerência do legislador, o art. 3º, nessa última parte, com relação ao art. 594, do Código de Processo Penal, é mais liberal, "constitui um avanço",[409] embora distante ainda se encontre do ideal, isto é, da preservação do princípio do estado de inocência expresso no inciso LVII do art. 5º da Constituição Federal, porque não é por se tratar de uma decisão condenatória, apenas, que pode ser atribuído *status* de condenado a alguém. Enquanto não transitada em julgado a decisão, ou seja, enquanto sujeita a recurso, tem efeito suspensivo.[410]

---

[408] GRECO FILHO, Vicente. *Op. cit.*, p. 281-2.

[409] CERVINI, Raúl; OLIVEIRA, William Terra de; GOMES, Luiz Flávio. *Op. cit.*, p. 364.

[410] CERNICCHIARO, Luiz Vicente. *Direito penal na constituição*. São Paulo: Revista dos Tribunais, 1990, p. 93.

Hoje o entendimento está amoldando-se aos contornos do efeito suspensivo por uma série de motivos, dentre os quais destacam-se o princípio do estado de inocência insculpido no art. 5º, LVII, da Constituição Federal e a impossibilidade de execução provisória da pena, em face da vedação contida no art. 105 da Lei nº 7.210, de 11.7.1984 (a chamada LEP), que prevê a expedição de guia para o recolhimento do réu condenado à pena privativa da liberdade, somente depois da sentença condenatória irrecorrível, ou seja, depois da sentença condenatória transitar em julgado. Também leva a essa mesma conclusão o art. 160 da LEP, ao estabelecer que a audiência admonitória a respeito da suspensão condicional da pena somente pode ser realizada depois do trânsito em julgado da sentença condenatória.[411]

Assim, somente pode justificar a prisão provisória do acusado para apelar se preso já estiver por estarem satisfeitas as condições previstas no art. 312 do Código de Processo Penal que justificam a prisão cautelar de natureza processual. Se em liberdade se encontrava até o momento de apelar é porque não se justificava a coerção penal. Ressalte-se, por outro lado, que não basta justificar-se a extrema necessidade da prisão cautelar e que o Juiz fundamente sua decisão invocando apenas o dispositivo legal pertinente; torna-se imprescindível que haja uma fundamentação dupla, ou seja, uma fundamentação que se imponha em face do art. 93, IX, da Constituição Federal, tida como fundamentação geral, e outra que emerja do art. 5º, LXI, também da mesma Constituição. Não sendo dessa forma fundamentada a prisão cautelar de natureza processual, a sentença é nula.[412]

---

[411] SILVA, Cesar Antonio da. *Doutrina e prática dos recursos criminais*. Rio de Janeiro: Aide, 1999, p. 210.
[412] GOMES, Luiz Flávio; CERVINI, Raúl. *Op. cit.*, p. 182.

Referências bibliográficas

ADRIASOLA, Gabriel. *El nuevo derecho sobre tóxicos e o lavado de dinero de la droga*. Montevideo: F.C.U., 1994.

———. *Secreto bancário y lavado de dinero*. Montevideo: Ediciones del Foro, 1997.

AGUINAGA, Juan Carlos. *Culpabilidad*. Mendoza: Ediciones Jurídicas Cuyo, 1998.

ARAÚJO JÚNIOR, João Marcello de. Os crimes contra o sistema financeiro no esboço de nova parte especial do código penal de 1994. *Revista Brasileira de Ciências Criminais*. São Paulo: Revista dos Tribunais, ano 3, n. 11, jul./set. 1995, p. 145-65.

———. O crime organizado: a modernização da lei penal. *In*: PENTEADO, Jacques Camargo (Org.). *Justiça Penal*. São Paulo: Revista dos Tribunais, 1995, p. 222.

ARAÚJO JÚNIOR, João Marcello; SANTOS, Marino Barbero. *A reforma penal*: ilícitos penais econômicos. Rio de Janeiro, Forense, 1987.

BARROS, Marco Antonio de. *Lavagem de dinheiro*: implicações penais, processuais e administrativas. São Paulo: Oliveira Mendes, 1998.

BATAGLINI, Giulio. *Teoria da infração criminal*. Coimbra, 1961.

BAUMANN, Jürgen. *Derecho penal*: conceptos fundamentales y sistema. Buenos Aires: Depalma, 1973.

BECCARIA, Cesare. *Dos delitos e das penas*. Trad. Paulo M. Oliveira. São Paulo: Atena, 1949.

BETTIOL, Giuseppe. *Direito penal*. São Paulo: Revista dos Tribunais, 1976.

BITENCOURT, Cezar Roberto. *Crime e sociedade*. Curitiba: Juruá, 1998.

———. *Manual de direito penal*. São Paulo: Revista dos Tribunais, 1997.

———. *Novas penas alternativas*. São Paulo: Revista dos Tribunais, 1999.

———. Princípios garantistas e a delinqüência do colarinho branco. *Revista Brasileira de Ciências Criminais*, São Paulo: Revista dos Tribunais, ano 3, n. 11, p. 118-27, jul./set. 1995.

BRUNO, Aníbal. *Comentários ao código penal*. Rio de Janeiro: Forense, v. 2, 1969.

———. *Direito penal*: parte geral. 3. ed. Rio de Janeiro: Forense, t. 1, 2 e 3, 1967.

BUSTOS RAMÍREZ, Juan. Perspectivas atuais do direito penal econômico. *Fascículos de Ciências Penais*, Porto Alegre: Fabris, v. 4, n. 2, 1991.

CADEMARTORI, Sérgio. *Estado de direito e legitimidade*: uma abordagem garantista. Porto Alegre: Livraria do Advogado, 1999.

CAFFARENA, Borja Mapelli; BASOCO, Juan Terradillos. *Las Consequencias juridicas del delito*. Madrid: Civitas, 1996.

CAPEZ, Fernando. *Curso de direito Penal – parte geral*. São Paulo: Saraiva, 2000.

CARVALHO, Salo de. *A política criminal de drogas no Brasil*: do discurso oficial às razões de descriminalização. Rio de Janeiro: Luan, 1996.

CASTILHO, Ela Wiecko V. de. *O controle penal dos Crimes contra o sistema financeiro nacional*. Belo Horizonte: Del Rey, 1998.

CASTRO, Lola Aniyr. Sistema penal social: a criminalização e a descriminalização como função de um mesmo processo. *Revista de Direito Penal*, Rio de Janeiro, ano 30, 1981.

CERNICCHIARO, Luiz Vicente. Direito penal tributário: observações de aspectos gerais da teoria geral do direito penal. *Revista Brasileira de Ciências Criminais*, São Paulo: Revista dos Tribunais, ano 3, n. 11, 1995.

——. *Direito penal na constituição*. São Paulo: Revista dos Tribunais, 1990.

CERVINI, Raúl. Macrocriminalidad economica: apuntes para una aproximación metodológica. *Revista Brasileira de Ciências Criminais*, São Paulo: Revista dos Tribunais, ano 3, n. 11, jul./set. 1995.

——. *Os processos de descriminalização*. Trad. Eliana Granja. São Paulo: Revista dos Tribunais, 1995.

CERVINI, Raúl; OLIVEIRA, William Terra de; GOMES, Luiz Flávio. *Lei de lavagem de capitais*. São Paulo: Revista dos Tribunais, 1998.

COELHO, Walter Marciligil. *Teoria geral do crime*. Porto Alegre: Fabris e Escola Superior do Ministério Público, 1991.

COMPARATO, Fábio Konder. O indispensável direito econômico. *Revista dos Tribunais*; São Paulo, n. 353.

CONDE, Francisco Muñoz. *Teoria geral do delito*. Porto Alegre: Fabris, 1988.

——; ARÁN, Mercedez Garcia. *Derecho penal*: parte general. Valencia: Tirant lo Blanc, 1996.

COSTA, Alvaro Mayrink da. *Direito penal*: parte geral. Rio de Janeiro: Forense, 1995.

COSTA JÚNIOR, Paulo José da. *Comentários ao código penal*: parte geral. São Paulo: Saraiva, 1986.

——; DENARI, Nelmo. *Infrações tributárias e direitos fiscais*. São Paulo: Saraiva, 1998.

D'ÁVILA, Fábio Roberto. A certeza do crime antecedente como elementar do tipo nos crimes de lavagens de capitais. *Boletim IBCCrim*, São Paulo, ano 7, n. 79, jun.1997.

DEVESA, José Maria Rodriguez; GOMEZ, Alfonso Serrano. *Derecho penal español*. Madrid: Dykinson, 1995.

DIAS, Jorge de Figueiredo. *Questões fundamentais do direito penal revisitadas*. São Paulo: Revista dos Tribunais, 1999.

DÍAZ, Geraldo Landrove. *Las consecuencias juridicas del delito*. Madrid: Civitas, 1996.

DONNA, Edgardo Alberto. *Teoría del delito y de la pena*. Buenos Aires: Astrea, v. I e II, 1996.

DOTTI, René Ariel. Incapacidade criminal da pessoa jurídica. *Revista Brasileira de Ciências Criminais*, São Paulo: Revista dos Tribunais, ano 3, n. 11, p. 184-207, jul./set. 1995.

ESPÍNOLA FILHO, Eduardo. *Código de processo penal brasileiro anotado*. Rio de Janeiro: Rio, v. I, nota nº 650, 1976.

ETCHEBERRY, Alfredo. Objetividade jurídica do delito econômico. *Revista Brasileira de Criminologia e Direito Penal*, n. 6.

FENECH, Miguel. *Derecho procesal penal*. Barcelona: Labor, 1992.

FERNANDES, Antonio Scarance. Crime organizado e a legislação brasileira. *In*: PENTEADO, Jacques Camargo (Org.). *Justiça Penal*. São Paulo: Revista dos Tribunais, 1995.

FERRAJOLI, Luigi. *Derecho y razón: teoria del garantismo penal*. Madrid: Editorial Trotta, 1995.

——. O direito como sistemas de garantia. *In*: OLIVEIRA JUNIOR, José Alcebíades de (Org.). *O novo em direito e política*. Porto Alegre: Livraria do Advogado, 1997.

FRAGOSO, Heleno Cláudio. Direito penal econômico e direito penal dos negócios. *Revista de Direito Penal e Criminologia*, n. 33, jan./jun. 1982.

——. *Lições de direito penal*: a nova parte geral. Rio de Janeiro: Forense, 1986-91.

FRANCO, Afonso Arinos de Melo. *Curso de direito constitucional brasileiro*. Rio de Janeiro: Forense, 1958.

FRANCO, Alberto Silva. Prefácio. *In*: ZAFFARONI, Eugenio Raúl; PIERANGELI, José Henrique. *Manual de direito penal brasileiro*. São Paulo: Revista dos Tribunais, 1997.

GOMES, Luiz Flavio. Sobre a impunibilidade da macrodelinqüência econômica desde a perspectiva criminológica da teoria da aprendizagem. *Revista Brasileira de Ciências Criminais*, São Paulo: Revista dos Tribunais, ano 3, n. 11, p. 166-183, jul./set. 1995.

——; CERVINI, Raúl. *Crime organizado*. São Paulo: Revista dos Tribunais, 1997.

GOYOS JÚNIOR, Durval de Noronha. *Paraísos fiscais*: planejamento tributário internacional. São Paulo: Observador Legal, 1988.

GRAU, Eros Roberto. *Elementos de direito econômico.* São Paulo: Revista dos Tribunais, 1981.

——. *A ordem econômica na constituição de 1988.* 3. ed. São Paulo: Malheiros, 1997.

GRECO FILHO, Vicente. *Manual de processo penal.* São Paulo: Saraiva, 1998.

GRINOVER, Ada Pellegrini. O crime organizado no sistema italiano. *In*: Penteado, Jacques Camargo (Org.). *Justiça penal.* São Paulo: Revista dos Tribunais, 1995.

——. *Eficácia e autoridade da sentença penal.* São Paulo: Revista dos Tribunais, 1978.

HASSEMER, Winfried. *Três temas de direito penal.* Porto Alegre: Fundação Escola Superior do Ministério Público, 1993. Estudos MP 7.

HUNGRIA, Nelson. *Comentários ao código penal.* 5. ed. Rio de Janeiro: Forense, v. 1, t. II, 1978.

——. *Comentários ao código penal.* Rio de Janeiro: Forense, v. 7, 1980.

IBIAPINA, Humberto. *Boletim IBCCrim*, Ano 5 nº 61, dezembro de 1997, p.19.

IHERING, Rudolf Von. *A luta pelo direito.* Rio de Janeiro: Rio, 1983.

INESTA, Diego J. Gómez. *El delito de blanqueo de capitales en el derecho español.* Barcelona: Cedecs Derecho Penal, 1996.

JAKOBS, Güinther. *Derecho penal*: parte general, fundamentos y teoria de la imputacion. Madrid: Ediciones Jurídicas, 1997.

——. *Sociedad, norma y persona en una teoria de un derecho penal funcional.* Madrid: Civitas, 1996.

JESCHECK, Hans-Heinrich. *Tratado de derecho penal*: parte geral. Trad. José Luis Manzanares Samarengo. Granada: Comares, 1993.

JESUS, Damásio Evangelista de. *Comentários ao código penal*: parte geral. São Paulo: Saraiva, v. I e II, 1985.

——. *Direito penal*: parte especial. São Paulo: Saraiva, v. I, 1996.

——. *Natureza dos crimes contra as relações de consumo. Revista Brasileira de Ciências Criminais*, São Paulo: Revista dos Tribunais, ano 3, n. 11, 1995.

——. Perdão judicial: colaboração premiada. *Boletim IBCCrim*, ano 7, n. 82, p. 4, set. 1999.

——. *Temas de direito criminal.* São Paulo: Saraiva, 1998.

KIST, Ataídes. *Responsabilidade penal de pessoa jurídica.* São Paulo: Editora de Direito, 1999.

LEFORT, Victor Manuel Nando. *El lavado de dinero.* México: Editorial Trillas, 1997.

LISZT, Franz Von. *Tratado de direito penal alemão.* Rio de Janeiro: F. Briguiet, 1899.

LOPES, Jair Leonardo. *Curso de direito penal.* São Paulo: Revista dos Tribunais, 1999.

LOPES, Maurício Antonio Ribeiro. Apontamentos sobre o crime organizado e notas sobre a lei 9.034/95. *In*: PENTEADO, Jacques Camargo (Org.). *Justiça penal.* São Paulo: Revista dos Tribunais, 1995.

——. *Princípio da insignificância no direito penal.* São Paulo: Revista dos Tribunais, 1997.

LUISI, Luiz. *O tipo penal*: a teoria finalista e a nova legislação penal. Porto Alegre: Fabris, 1987.

LYRA, Roberto. *Direito penal normativo.* 2 ed. Rio de Janeiro: José Konfino, 1977.

MAIEROVITCH, Walter Franganiello. A ética judicial no trato funcional com as associações criminosas que seguem o modelo mafioso. *In*: PENTEADO, Jacques Camargo (Org.). *Justiça penal.* São Paulo: Revista dos Tribunais, 1995, p. 80.

MARTINS, Ives Gandra da Silva. *Crimes contra a ordem tributária.* 3. ed. atual. São Paulo: Revista dos Tribunais, 1998.

——. *Da sanção tributária.* São Paulo: Saraiva, 1998.

MARQUES, José Frederico. *Elementos de direito processual penal.* 5.ed. Rio de Janeiro: Forense, v. 1, 1961.

——. *Tratado de direito penal.* Campinas: Bookseller, 1997.

MESTIERI, João. *Manual de direito penal – parte geral.* Rio de Janeiro: Forense, v. I, 1999.

MIR, José Cerezo. *Derecho penal*: parte general. Madrid: Universidad Nacional de Educação a Distancia, 1997.

MIR PUIG, Santiago. *El derecho penal en el estado social y democrático de derecho*. Barcelona: Ariel, 1994.

MIRABETE, Julio Fabbrini. *Código penal interpretado*. São Paulo: Atlas, 1999.

——. *Manual de direito penal*: parte especial. São Paulo: Atlas, 1997. v. 2.

MOLINA, Antônio Garcia Pablos de; GOMES, Luiz Flávio. *Criminologia*. São Paulo: Revista dos Tribunais, 1997.

MONREAL, Eduardo Novoa. Reflexos para a determinação e delimitação do delito econômico. *Revista de Direito Penal e Criminologia*, Rio de Janeiro: Forense, n. 33.

MONTEIRO, Antonio Lopes. *Crimes hediondos*. São Paulo: Saraiva, 1996.

MONTESQUIEU, Charles Secondat. Barón de Brede e. *O espírito das leis*. São Paulo: Saraiva, 1992.

MORAES, Alexandre; SMANIO, Gianpaolo Poggio. *Legislação penal especial*. São Paulo: Atlas, 1998.

NASCIMENTO, Tupinambá Miguel Castro do. *A ordem econômica e financeira e a nova constituição*. Rio de Janeiro: AIDE, 1989.

NEVES, Iêdo Batista. *Vocabulário prático de tecnologia jurídica e brocardos latinos*. Rio de Janeiro: FASE, 1988.

NORONHA, E. Magalhães. *Direito penal*. São Paulo: Saraiva, v. 1, 1986.

OLIVEIRA, Edmundo. *Comentários ao código penal*: parte geral. Rio de Janeiro: Forense, 1994.

PARMA, Carlos. *Culpabilidad*: lineamentos para su estudio. Mendoza: Ediciones Juridicas Cuyo, 1997.

PIMENTEL, Manoel Pedro. *Direito penal econômico*. São Paulo: Revista dos Tribunais, 1973.

——. *Legislação penal especial*. São Paulo: Revista dos Tribunais, 1972.

PRADO, Luiz Regis. *Bem jurídico-penal e constituição*. 2. ed. rev. e atual. São Paulo: Revista dos Tribunais, 1997.

——. *Curso de direito penal brasileiro*. São Paulo: Revista dos Tribunais, 1999. Parte geral.

PRADO, Luiz Régis; BITENCOURT, Cezar Roberto. *Código penal anotado e legislação complementar*. São Paulo: Revista dos Tribunais, 1997.

REALE JR., Miguel. *Teoria do delito*. São Paulo: Revista dos Tribunais, 2000.

ROCHA, Fernando A. N. Galvão, GRECO, Rogério. *Estrutura jurídica do crime*. Belo Horizonte: Mandamentos, 1999.

ROCHA SOBRINHO, Délio José. *Competência penal*: uma visão sistematizadora. Porto Alegre: Fabris, 1996.

ROXIM, Claus. *Derecho penal*: parte general. Madrid: Civitas, t. 1, 1997.

SADI, Jairo. A nova lei de lavagem de dinheiro e sua constitucionalidade. *Cadernos de Direito Tributário*, São Paulo, ano 6, n. 23, abr./jun. 1998.

SANCHES RIOS, Rodrigo. *O crime fiscal*. Porto Alegre: Fabris, 1998.

SANCTIS, Fausto Martin de. *Responsabilidade penal da pessoa jurídica*. São Paulo: Saraiva, 1999.

SANGUINÉ, Odone. Introdução aos crimes contra o consumidor: perspectiva criminológica e penal. *Fascículos de Ciências Penais*, Porto Alegre: Fabris, ano 4, n. 2, abr./maio/jun. 1991.

SAVY, Robert. *Direito público econômico*. Trad. Rui Afonso. Lisboa: Notícias, 1997.

SILVA, Cesar Antonio da. *Doutrina e prática dos recursos criminais*. Rio de Janeiro: AIDE, 1999.

SILVA, De Plácido e. *Vocabulário jurídico*. Rio de Janeiro: Forense, v. 3, 1973.

SOLER, Sebastian. *Direito penal argentino*. Buenos Aires: Editora Argentina, 1970.

SOUSA, Alfredo José de. Direito penal fiscal: uma prospectiva. *In*: *Ciclo de estudos em direito penal econômico*. Coimbra: Centro de Estudos, 1985.

SOUZA, Alberto R. R. Rodrigues de. Bases axiológicas da reforma penal brasileira. *In*: *O Direito penal e o novo código penal brasileiro*. Porto Alegre: Fabris, 1985.

——. Perspectivas do moderno direito penal. *Parquet*, Relatório anual da Fundação Escola Superior do Ministério Público, Porto Alegre, 1992/1993.

TAVARES, Juarez. Critérios de seleção de crimes e cominação de penas. *Parquet*: relatório anual da Fundação Escola Superior do Ministério Público, 1992/1993.

——. *Teorias do delito*. São Paulo: Revista dos Tribunais, 1990.

TELES, Ney Moura. *Direito penal*. São Paulo: Atlas, 1998.

TIEDEMAN, Klaus. *Lecciones de derecho penal económico*. Barcelona: PPU, 1993.

TOLEDO, Francisco de Assis. Modernização das leis penais. *In*: PENTEADO, Jacques Camargo (Org.). *Justiça penal*. São Paulo: Revista dos Tribunais, 1995.

——. *Princípios básicos de direito penal*. 4. ed. São Paulo: Saraiva, 1991.

TORNAGHI, Hélio. *Curso de processo penal*. Rio de Janeiro: Saraiva, v. II, 1989.

——. *A relação processual penal*. São Paulo: Saraiva, 1987.

TORON, Alberto Zacharias. Aspectos penais da proteção ao consumidor. *Revista Brasileira de Ciências Criminais*, São Paulo: Revista dos Tribunais, ano 3, n. 11, jul./set. 1995.

TOURINHO FILHO, Fernando da Costa. *Código de processo penal comentado*. São Paulo: Saraiva, v. I e II, 1997.

——. *Processo penal*. São Paulo: Saraiva, v. I e II, 1997.

TUNLEY, Roul. Legitimación de capitales: legislación especial referida al lavado de dinero. *In*: *La Cuestion de las drogas en América Latina*. Caracas: Monte Ávila, 1990.

WELZEL, Hans. *Derecho penal aleman*. Santiago de Chile: Editorial Jurídica de Chile, 1997.

WESSELS, Johannes. *Direito penal*, parte geral. Porto Alegre: Fabris, 1976.

YANZI, Carlos V. Gallino. *La antijuridicidady el secreto profesional*. Buenos Aires: Victor de Zavalia, 1972.

ZAFFARONI, Eugenio Raúl. *Em busca das penas perdidas*: a perda da ligitimidade do sistema penal. Rio de Janeiro: Revan, 1991.

——; PIERANGELI, José Henrique. *Manual de direito penal brasileiro*. São Paulo: Revista dos Tribunais, 1999.

Artigos de periódicos

ARTIGO. *Zero Hora*, Porto Alegre, 03 de junho de 1999, p.22.

CÚPULA do governo terá código de ética. *Folha de São Paulo*, São Paulo, 23 de maio de 1999. p.15.

DEPOIMENTO prestado pelo Secretário da Receita Federal na CPI dos bancos. *Zero Hora*, Porto Alegre, 21 de maio de 1999. p. 7.

EDITORIAL. *O Estado de São Paulo*, São Paulo, 25 de maio de 1993. p.3.

FREITAS, Jairo. *Folha de São Paulo*, São Paulo, Brasil 1, 20 de abril de 1999, p. 5.

KANITZ, Stephen. A origem da corrupção. *Veja*, v. 32, n.22, abr. 1999. p. 21.